Daniel Sévigny

CHEILE SECRETULUI

Editura NICOL

Daniel Sévigny

CHEILE SECRETULUI

Traducere de
Mihai Constantinescu

Descrierea CIP a Bibliotecii Naţionale a României
SÉVIGNY, DANIEL
Cheile secretului/Daniel Sévigny. - Bucureşti: Editura NICOL, 2010
ISBN 978-973-7664-89-1

98'987.8=297.1=473.1

Str. Alexandru Depărăţeanu nr. 29
Sector 1, Bucureşti
Tel./Fax: 021/2224093
Mobil: 0752205360
E-mail: allnicol@yahoo.com
www.librarienicol.ro

Copertă: VIRGIL PĂCUREŢU

Tehnoredactare computerizată
S.C. Galaxis

ISBN 978-973-7664-89-1

Prefață

Numeroase și diferite motive îi pot face pe oameni să scrie.

În ceea ce mă privește, m-am hotărât să scriu această carte DINTR-UN SINGUR motiv...

În cartea *Secretul*, autorul a explicat ce este legea atracției. Lucrarea o dovedește apoi în mod incontestabil, arătându-ne cum a adus succes mai multor personaje importante din istorie, care au ținut cont de ea în timpul vieții lor. În cele din urmă, cartea conchide că nu depinde decât de noi, pe viitor, să o aplicăm în viața noastră de zi cu zi. Totuși, autorul se oprește aici. Nicio metodă nu ne este propusă ca să trăim conform legii atracției. Suntem lăsați la voia întâmplării!

Pe de altă parte, de la apariția acestei cărți, un număr foarte mare de seminare, având ca subiect legea atracției, a fost oferit marelui public, dar animatorii nu fac decât să repete cu propriile cuvinte conținutul cărții *Secretul*. Niciunul nu prezintă un ghid practic, concret, de aplicare a acestei legi. Iată că suntem din nou lăsați să ne descurcăm singuri.

Am fost încântat de interesul uriaș pe care *Secretul* l-a stârnit, într-un timp record, în rândul populației, peste tot în lume. O performanță de marketing fantastică! În fiecare zi mi se amintește despre această carte, verbal sau prin e-mail. Mi se cere părerea. Eu răspund pozitiv, deși, în străfundul meu, știu că ea are o lacună mare. Mai exact, în carte nu se explică cum să trecem de la cunoașterea legii la punerea ei în practică. Aceste persoane care comunică cu mine afirmă şi ele că „s-au ridicat de la masă flămânde". Nici ele nu găsesc CHEILE utilizării SECRETULUI. Ori, tot aceste persoane afirmă că au descoperit aceste CHEI ALE SECRETULUI în conţinutul seminarelor de ORGANIZARE A GÂNDIRII pe care le-au urmat cu mine. De aceea, au insistat să le dau posibilitatea să cunoască mult mai explicit aceste instrumente despre care le-am vorbit deja şi pe care le utilizează cu atât de mare succes.

Acesta este SINGURUL motiv pentru care am scris această carte, pe care am intitulat-o *Cheile secretului*.

De fapt, de aproape douăzeci de ani, din an în an, străbat Quebecul şi Europa. Astfel, mii de persoane au urmărit cursurile de formare pe care le ţin despre ORGANIZAREA GÂNDIRII. Am pus la punct această tehnică după mai mulţi ani de cercetări personale. Ea s-a născut în urma a numeroase lecturi şi cursuri de formare privind gândirea pe care mi-am impus-o din curiozitate de-a lungul a aproximativ douăzeci de ani.

Într-un mod total neprevăzut, am ţinut prima mea conferinţă pe nepregătite, înlocuind un conferenţiar bolnav. Nepregătind nimic pentru această ocazie, am ales, desigur, să vorbesc despre un subiect pe care îl stăpâneam şi la care ţineam mult. După prezentare, câţiva auditori m-au întrebat dacă aş putea explica mai mult această organizare a gândirii. Aşa a luat naştere tehnica organizării gândirii.

Secretul expune filosofia acţiunii care trebuie să ne însufleţească zilnic.

ORGANIZAREA GÂNDIRII este TEHNICA CONCRETĂ CARE NE OFERĂ cheile ce permit trăirea legii atracţiei în fiecare zi. Astfel, pentru fiecare dintre voi începe o nouă viaţă. Aşadar, profitaţi la maximum de bogăţia *Cheilor secretului*.

CHEILE SECRETULUI

PARTEA I

Capitolul 1

Legea atracţiei

TOT CE SE TRĂIEŞTE ÎN INTERIOR SE REFLECTĂ LA EXTERIOR

Această frază-titlu rezumă legea atracţiei.

Este evident că multe persoane au obţinut rezultate aplicând această lege. Totuşi, aceste rezultate par deseori limitate comparativ cu succesele sperate de toate persoanele preocupate să descopere reţeta magică pentru o reînnoire în viaţa lor. Aşadar, trebuie văzut ce se întâmplă în interior, poate că interiorul este cel care trebuie schimbat.

Dar cum reuşim să ne schimbăm interiorul? Prin mecanismul nostru de gândire! Iar acesta este singurul mod de a reuşi!

Noi nu suntem decât energie în energie. Dacă n-am fi avut celulele, moleculele şi atomii care formează materia corpului nostru, am fi fost doar energie în energie, întocmai ca forma-gândire, ca forma-cuvânt.

Universul este doar energie, iar noi suntem parte integrantă a sa. Fie că ne place sau nu, Universul este un tot, iar noi facem parte din tot. Numai că trebuie să ştim cum funcţionează acest Tot.

Fiecare gând pe care îl formulăm, fiecare cuvânt pe care îl rostim este emiţător de energie. Numai prin această energie, numită şi nivel vibrator, participăm la legea atracţiei. Conştient sau inconştient, suntem cu toţii legaţi de Univers.

Pentru a utiliza în avantajul nostru legea atracţiei trebuie, înainte de toate, să cunoaştem modul ei de funcţionare. Universul are secretele sale bine păstrate. Astăzi este ziua voastră norocoasă, pentru că veţi cunoaşte şi voi reglementarea ei; veţi descoperi secretele funcţionării relaţiei voastre cu Universul. Aplicându-le, vă veţi transforma viaţa într-o realitate împlinită.

Fiecare dintre noi este liber să gândească orice. Pentru că, prin această minunată putere se creează orice lucru. Dacă vă gândiţi la trecut, nu vă veţi construi viitorul decât atunci când acesta va deveni prezent.

Trebuie să reţineţi că fiecare gând are nevoie de o secundă ca să facă ocolul Pământului, revenind cu aceeaşi energie. Pentru că fiecare dintre gânduri emite energie, el influenţează în trecere întreg Pământul. Mecanismul nostru de gândire cere o supraveghere constantă pentru a fi guvernat de un control perfect, a cărui perfecţiune depinde doar de antrenament.

Suntem cu toţii nişte emiţători-receptori. Vibraţiile energetice emise sunt replica exactă a gândurilor noastre. Vehiculând gânduri de iubire, de bucurie, de calm, acesta va fi rodul energetic care se va degaja din voi. Efectul contrar este la fel de real. Încăpăţânându-vă să întreţineţi gânduri negative ca angoasa, ura, antipatia şi alte gânduri negre, veţi reflecta indezirabilul.

Priviţi în anturajul vostru şi veţi face rapid o selecţie a oamenilor optimişti şi a celor pesimişti, chiar dacă nu-i cunoaşteţi foarte bine. Deja vibraţiile lor vă permit să vă faceţi o idee. Legea atracţiei...

Aţi observat cât de bine ne simţim în preajma unor persoane optimiste? Acest lucru se datorează vibraţiilor lor. În schimb, ne îndepărtăm în mod inconştient de persoanele pesimiste. Dacă am avea de ales, le-am evita.

Deseori există oameni cu o aparenţă plăcută, înzestraţi cu o personalitate puternică. Ceea ce degajă ei e departe de a exercita o atracţie. De ce? În mod inconştient, oamenii evită acest gen de persoane. Dacă, din anumite motive, sunteţi obligaţi să-i frecventaţi în plan familial sau profesional, după întâlnirea cu ei, vibraţiile lor vă influenţează. Timp de câteva minute sau câteva ore, în funcţie de gradul de control pe care îl exercitaţi asupra propriilor gânduri, veţi simţi reacţii negative.

Aceste amprente negative vor apărea brusc în voi, nu însă şi în cazul în care aveţi acelaşi tip de temperament critic, mereu nemulţumit de tot şi de nimic, preferând să vă lăsaţi mecanismul gândirii la cârma nepăsării decât să faceţi efortul de a o controla. Conform unor studii efectuate în laboratorul de psihologie, oamenii vehiculează peste 38 800 de gânduri pe zi. Gestionarea atâtor gânduri este un sport care cere un antrenament continuu, adică o supraveghere permanentă, pe cât posibil, a activităţii noastre mentale. Să fie oare cu putinţă? DA!

Persoana care îşi controlează mecanismul gândirii şi se străduieşte în mod constant să o administreze emite vibraţii binevoitoare. Toată fiinţa sa este ca o rază de soare în viaţă.

Simţindu-se bine în propria piele, ea este calmă, senină, destinsă, chiar şi în situaţii încordate. Ea păstrează un control perfect al propriilor gânduri, al energiilor sale vibratorii. Cunoaşteţi, cu siguranţă, mai multe persoane de acest tip. În caz contrar, puneţi-vă un semn de întrebare! De ce nu atrageţi şi, în cel mai bun caz, nu frecventaţi doar sau aproape în exclusivitate acest gen de persoane?

Probabil că nu aţi conştientizat niciodată cu adevărat că faceţi parte din grupul celor care ignoră importanţa de a-şi controla gândurile sau care uită să o facă. Rezultatul: atrageţi oameni asemănători vouă, iar voi sunteţi atraşi de ei.

Chiar şi fără nicio cunoştinţă în privinţa acestui mecanism, este normal pentru om să ştie că acesta există şi că este puternic. Din neştiinţă omitem să întreţinem această capacitate, acceptăm o nepăsare fără condiţii, expunându-ne influenţelor anturajului.

În ziua în care devenim conştienţi că totul începe prin GÂNDIRE, antrenamentul poate începe, putând astfel experimenta până unde merge această putere. Atunci veţi constata cu uimire toată FORŢA ei. Veţi persevera în eforturi pentru a vedea concretizându-se în viaţa voastră rezultatele impresionante ale propriei gândiri.

GÂNDIREA CONTROLEAZĂ TOT

Gândirea controlează tot: sănătatea fizică şi psihologică. Viaţa afectivă, reuşitele, dar şi eşecurile. Când spun REUŞITE, mă refer la toate reuşitele: familiale, relaţionale, financiare, şcolare, universitare, sportive etc. Iar când vorbesc despre EŞECURI, mă refer la aceleaşi domenii şi la toate nivelurile. Totul depinde doar de voi. „Voi" nu este în exclusivitate persoana fizică, ci şi acel „voi" interior: GÂNDIREA.

Unii vor spune că sunt prea în vârstă ca să se mai schimbe. Alţii vor pretexta că au fost prea marcaţi de un mediu familial în care, încă din fragedă copilărie, vibraţiile negative au exercitat o dominaţie absolută.

Or, întotdeauna avem de ales. Doriţi sau nu să vă schimbaţi? Dacă da, vârsta şi mediul nu pot sta în calea voastră. Numai voi aveţi puterea de a lua această decizie.

Atunci când veţi înţelege că efortul investit în demersul schimbării vă va aduce o recompensă extraordinară, nu veţi mai ezita. Eliminaţi vechile scheme ancorate în subconştient, pentru că viaţa voastră depinde de ele.

A-ţi schimba gândirea, înseamnă a te schimba

Preţul acestei schimbări este efortul. Preferaţi să vă continuaţi viaţa marcată de eşec şi nefericire? O singură decizie a voastră şi veţi fi de acum înainte pe drumul reuşitei! Viaţa la care aţi visat mereu, dar căreia i-aţi fost supuşi în loc să o controlaţi, depinde de hotărârea VOASTRĂ.

De ce să continuaţi să trăiţi lăsându-vă purtaţi de evenimente, pentru că acum ştiţi că totul ţine de responsabilitatea voastră?

Câte evenimente v-au făcut această zi cenuşie? Dispoziţia partenerului de viaţă de la prima oră a dimineţii, copiii care nu respectă regulile familiei, stresul patronului exigent, purtarea negativă a unui şef sau a unor colegi de serviciu, poate nişte apeluri telefonice... Toate aceste situaţii pe care le-aţi trăit din cauza acestor persoane aflate într-o fază de agitaţie v-au epuizat toată energia.

Dacă v-aţi fi controlat gândirea, aţi fi schimbat cursul fiecărui eveniment, pentru a-l trăi aşa cum aţi fi hotărât. Aţi fi schimbat dispoziţia partenerului de viaţă fără să spuneţi un singur cuvânt. Copiii ar fi respectat toate regulile, evitând să se certe. Patronul ar fi fost calm pe toată durata zilei. Şeful şi colegii de serviciu ar fi rămas pozitivi. Telefoanele primite s-ar fi transformat în discuţii pozitive şi aţi fi obţinut astfel numai avantaje, pentru că aţi fi găsit o soluţie binevoitoare pentru persoana aflată în suferinţă, în loc să fiţi supuşi tulburării sale.

Cu siguranţă că v-ar plăcea să spuneţi: „Da, ştiu, dar nu sunt suficient de inteligent. Niciodată nu am avut noroc. Nu sunt o persoană instruită. Părinţii mei sunt divorţaţi. Tatăl meu sau mama mea este alcoolic şi poate toxicoman. Mediul meu nu este favorabil unui astfel de demers. Sănătatea mea este...", şi aşa mai departe.

Bravo! Paleta de scuze e perfectă. Doriţi să continuaţi să vă supuneţi vieţii fără să credeţi că, probabil, soluţia există în VOI? Fără să faceţi cel mai mic efort, acceptaţi deja înfrângerea şi spuneţi nu succesului.

Credeţi că eu sunt de acord cu acest gen de reflecţie? Ei bine, nu. Consider că e regretabil şi mare păcat că o persoană nu-şi oferă ŞANSA de a reuşi. Am înţeles că misiunea mea nu este să schimb lumea, ci să transmit un mesaj de speranţă şi să vă ofer instrumente pentru a vă transforma viaţa într-o reuşită. Mii de persoane au demonstrat că au făcut primii paşi schimbându-şi gândurile, iar convingerile lor le-au influenţat în mod pozitiv viaţa; ele fac parte dintre cei care GÂNDESC.

Cei care spun NU evoluţiei lor repetă cel mai adesea: „Eu nu am noroc". Sau: „Când a trecut norocul, eu nu eram acolo". În gândurile lor obscure, aceştia nu puteau vedea norocul acolo unde era el. Sunt convins că, de-a lungul vieţii lor, cel puţin un element declanşator îi incita să-şi schimbe gândurile, dar ei s-au făcut că nu aud. Nu au înţeles că „domnul NOROC" le oferea o ocazie nouă de a reuşi. Ei l-au lăsat să dispară odată din nou, fără să-şi pună măcar o singură întrebare.

Fiinţa Supremă este dreaptă. Fiecare dintre noi, la sosirea pe Pământ, avea săculeţul mic de noroc în bagajul personalităţii sale, reprezentat de calităţi, aptitudini, o anumită cantitate de defecte şi experienţele karmice cu care urmau să se confrunte – toate acestea fiind echilibrul corect al fiinţei umane ce permite fiecăruia să-şi modeleze propria personalitate.

Cei care spun NU prezintă un defect predominant în personalitatea lor: LENEVIA. Ei preferă să nu facă nimic. Aşa, au o scuză bună. În sinea lor, ştiu că există un minimum de efort ce trebuie făcut. Cum efortul necesită o doză de curaj şi de voinţă, mai bine, cred ei, să ignore mai departe propriile posibilităţi decât să-şi imagineze o reuşită importantă cu preţul efortului.

Gândindu-vă, vă întrebaţi dacă putem, cu ajutorul gândurilor, să ne schimbăm partenerul de viaţă, copiii, părinţii, prietenii. Da, putem! Pentru asta, trebuie ca, la început, gestionarea gândurilor să fie deja o forţă motrice în viaţa voastră. Controlându-vă mecanismul de gestionare, veţi reuşi să vă influenţaţi anturajul. De sute de ori mi s-a spus: „Partenerul meu de viaţă s-a schimbat. Copiii sunt mult mai calmi şi mai silitori. Relaţia mea cu o anumită persoană este total diferită." Sau: „Ambianţa familială s-a schimbat complet." Şi chiar mai mult. Această ameliorare se datorează doar transformării persoanei care a luat iniţiativa.

Să luăm exemplul unei mame care trăieşte în totalitate pentru propria familie. Ea se dedică trup şi suflet soţului şi copiilor. De o generozitate fără limite, ea se dăruieşte zi şi noapte: bucătărie, curăţenie, educaţie... Această femeie uită să mai acorde puţin timp propriei persoane. Într-o zi, fără să înţeleagă de ce, intrată în angrenajul rutinei, îşi iese din minţi, devine irascibilă, insuportabilă. Soţul şi copiii o scot din sărite. Ea „face curte" în permanenţă negativului şi, PAC! Nu mai reuşeşte să se controleze.

Soţul nu e nici el mai prejos! Suportă presiunea serviciului sau a şefului. El trebuie să se autodepăşească pentru a-şi îndeplini îndatoririle de tată iubitor şi de soţ exemplar. Stresul îl macină în permanenţă. Aşadar, permite negativului să domine fiecare dintre situaţii, pentru că efortul necesar este prea mare. Şi, în cele din urmă, nu mai rezistă. Este epuizat.

Or, pentru orice problemă există o rezolvare. În ziua în care soţul şi soţia vor PROFITA de şansa lor, cea pe care Universul le-o va prezenta pentru a descoperi că totul este condus din gândire, îşi vor putea ameliora condiţiile de viaţă începând cu începutul: ÎNVĂŢÂND SĂ GÂNDEASCĂ.

Exemplele date în această carte se aplică la toate nivelurile relaţionale: prieteni, patroni, colegi de serviciu, colegi de societate sau de activitate sportivă... În realitate, întotdeauna este vorba despre vibraţii. Să ne transformăm gândirea şi ne vom schimba vibraţiile pentru a le adapta LEGII ATRACŢIEI.

Fericirea începe în gândire

O maladie importantă a oamenilor de pe planeta noastră se exprimă prin întrebările: „Ce vor spune ei? Ce vor gândi ei?" Pământul este populat de două lumi: cei constructivi şi cei distructivi, cei buni şi cei răi, cei oneşti şi cei vicioşi. Nu trebuie să credem în mod naiv că, schimbându-vă modul de gândire, toată planeta se va transforma de la o zi la alta: ar însemna să visaţi colorat!

Hai să ne ocupăm singuri de propria persoană. Să-i lăsăm pe ceilalţi să se ocupe de ei înşişi. Astăzi este vorba despre asumarea răspunderii voastre. Ocupaţi-vă de gestionarea mecanismului vostru de gândire şi veţi beneficia de rezultatul sperat, adică PACEA INTERIOARĂ.

REPETAŢI DUPĂ MINE: DE CE MĂ AMESTEC EU!

Vă amintesc legea atracţiei:

TOT CE SE TRĂIEŞTE ÎN INTERIOR
SE REFLECTĂ LA EXTERIOR

Capitolul 2

Relaţia noastră cu Universul

Să începem prin a lămuri acest lucru. Credeţi-mă pe cuvânt, este mai mult decât important. De la începuturi, preoţii şi modelele de gândire ne propun să CEREM pentru a obţine ce dorim, în timp ce, mai degrabă, ar trebui să ordonăm, şi asta intrând în regulile artei. Aşadar, este foarte diferit de ceea ce ni se cere în general!

Universul NU ESTE O PERSOANĂ, ci o ENERGIE. El nu este Dumnezeu, Buddha, Allah, Mahomed, Krishna şi ceilalţi. El este o ENERGIE prin care suntem cu toţii legaţi. Atunci când cereţi ceva unei persoane, ea este liberă să accepte sau să refuze. Adresându-vă unei divinităţi, îi lăsaţi libertatea de a răspunde dorinţei voastre sau de a n-o lua în seamă. Este evident că uneori obţineţi astfel un anumit succes. Dar dacă veţi compara numărul cererilor voastre cu cantitatea favorurilor obţinute, veţi constata cu surprindere că foarte puţine dintre rugăminţile voastre sunt îndeplinite. Recompensele se datorează pur şi simplu legii probabilităţilor, karmei voastre sau norocului.

Făcând o cerere, divinitatea în care credeţi are posibilitatea să aleagă dacă vă satisface sau nu dorinţa. La fel, când cereţi unui subaltern sau unui copil să facă un anumit lucru, acesta îl face, dar nu întotdeauna în intervalul de timp cerut şi aşa cum v-aţi fi dorit. Aşadar, cerând, acordaţi libertatea ALEGERII răspunsului.

Or, aici vorbim despre a ordona, nu a cere. Noi avem puterea de a HOTĂRÎ. Ceea ce înseamnă: „*O* IAU, MĂ FOLOSESC DE EA, *EA* ESTE A MEA." Mă refer aici la ENERGIE.

Haideţi să o comparăm cu oxigenul. V-aţi abţinut până în prezent să respiraţi? Nu! Pentru că a respira este un lucru natural. Nu cereţi ca să primiţi oxigen. Pur şi simplu, luaţi oxigenul. Trebuie să înţelegem că ENERGIA este, la fel ca oxigenul, doar un element esenţial al Creaţiei, pe care trebuie să ni-l însuşim pentru a trăi.

Creatorul, în marea sa înţelepciune şi generozitate, nu ne-a impus nimic. EL ne-a oferit posibilitatea să ne realizăm prin gândire. Nu există nimic mai măreţ decât sistemul nostru de gândire. TOTUL ÎNCEPE PRIN GÂNDIRE.

REGULILE

Universul, această energie cu o forţă colosală, are regulile sale. În număr de trei, ele corespund primelor trei CHEI ALE SECRETULUI.

numărul 1

Universul nu gândeşte!

Universul este energie. Această energie funcţionează după vibraţiile create de gândire, care reflectă intenţia inimii. Aceasta este legea atracţiei. Vă amintesc că Universul este o ENERGIE, NU o divinitate sau o persoană. Este imperativă imprimarea acestei idei în mintea voastră, pentru că educaţia, credinţele false ne fac, dintotdeauna, să avem impresia că am comunica cu o persoană căreia îi putem cere ceva. Or, Universul este o energie, nu o entitate care gândeşte.

A GÂNDI constituie funcţia inteligenţei umane, este capacitatea care ne diferenţiază de animale. Animalul are instinctul, în timp ce noi avem inteligenţa. Toată lumea GÂNDEŞTE. Dar cum să GÂNDIM?

Părinţii ne-au învăţat să vorbim, să mergem, dar au uitat esenţialul: să ne înveţe să gândim. Nici ei nu au fost educaţi în acest sens. Aşa că nu ne-ar fi putut învăţa ceea ce nu cunoşteau.

A gândi este cea mai mare minune a Creaţiei, a funcţionării omului. În ciuda tuturor cercetărilor, nu s-a desluşit niciodată cum gândeşte omul. Dacă nu am gândi, oare ce am fi? Un animal! Doar atât!

În nemărginita sa generozitate, Dumnezeu, creând omul, i-a oferit toată libertatea sa. Nu i-a impus nimic. I-a oferit puterea de a se realiza prin gândire şi de a trăi diferite experienţe, atât pozitive, cât şi negative, după un program karmic. După părerea mea, acest lucru reprezintă uriaşa DREPTATE DIVINĂ.

Suntem înzestraţi cu o inteligenţă care gândeşte, ceea ce permite fiecăruia să evolueze în ritmul propriu, pentru a se desăvârşi prin diferite experienţe pe care le-a ales ca să-şi realizeze viaţa.

Cum Universul nu gândeşte, avem PUTEREA de a DECIDE propria realizare în această viaţă doar prin gândurile noastre. Această primă cheie ne permite schimbarea a tot ce nu ne convine în viaţa noastră, pentru a-i schimba cursul. Prin transformarea modului de gândire ne schimbăm în mod automat vibraţiile şi, schimbându-ne vibraţiile, ne schimbăm energia. Acest lucru îi permite legii atracţiei să se realizeze în mod sistematic. Astfel atragem spre noi situaţiile care sunt legate de propriul sistem de gândire.

numărul 2

Universul nu reflectează!

A reflecta este o capacitate intelectuală esenţială pentru a putea lua decizia bună. Ea variază de la o persoană la alta şi în funcţie de situaţie. Modul de a reflecta este imaginea educaţiei noastre, a mediului nostru social, a ţării în care ne-am născut, a culturii şi a modului nostru de viaţă.

Toate aceste influenţe ne fac să reflectăm în moduri diferite şi să avem puncte de vedere ce variază în funcţie de situaţii.

Universul nu reflectează. El acceptă ca atare să se supună întocmai ordinului formulat. Da, am spus ORDIN. Şi repet: am fost învăţaţi să cerem. Dar nu trebuie să cerem, pentru că avem puterea de a DECIDE. Conştientizarea acestei realităţi va face diferenţa în viaţa voastră.

Începeţi încă de acum să DECIDEŢI, să SCHIMBAŢI ce doriţi să schimbaţi, transformându-vă mai întâi sistemul de gândire. Aveţi capacitatea de a reflecta, aşadar puteţi schimba ce nu vă convine în viaţa voastră, iar Universul va executa toate ordinele voastre întocmai, pentru că el nu reflectează!

numărul 3
Universul nu analizează!

Capacitatea de a analiza este proprie omului. Analizarea unei situaţii permite acceptarea sau respingerea ei şi schimbarea cursului acesteia. Universul nu analizează, el execută întocmai ordinele. Din păcate, trăiţi prea des situaţii negative care ar deveni cu uşurinţă pozitive dacă aţi şti cum să procedaţi.

Este incredibil că Universul nu comite niciodată o greşeală: totul stă în modul în care vă formulaţi ordinele. El se supune tuturor poruncilor voastre. De altfel, aşa a făcut întotdeauna până acum. Voi sunteţi în mod automat legaţi de el în chip inconştient, şi asta încă de când aţi fost concepuţi. Din păcate, necunoscând regula jocului, aţi trecut prin mii de experienţe negative pe care le-aţi fi putut evita cu uşurinţă.

Fiecare dintre gândurile voastre este în mod sistematic legat de Univers. Neînvăţând să gândiţi, aţi trecut prin tot felul de experienţe. Un număr mare dintre ele ar fi putut fi evitat cu uşurinţă, iar altele trăite total diferit. Mă refer aici la experienţele negative. În privinţa experienţelor pozitive, aţi urmat acelaşi parcurs, dar aţi făcut-o doar din instinct.

Este natural să gândiţi. Dar mai trebuie să şi ştiţi cum să o faceţi. De îndată ce trăiţi primele experienţe de gândire, veţi fi uimiţi de forţa pe care o deţineţi fără ştirea voastră.

Gândirea este cea mai
MARE MINUNE a Creaţiei.

🗝 *numărul 1:* Universul ***nu*** *GÂNDEŞTE...*

🗝 *numărul 2:* Universul ***nu*** *REFLECTEAZĂ...*

🗝 *numărul 3:* Universul ***nu*** *ANALIZEAZĂ...*

Capitolul 3

Ordonanţele

Ordonanţele sunt în număr de şase. Ele reprezintă alte şase CHEI ALE SECRETULUI. Ordonanţele, reguli subtile ale funcţionării gândirii, sunt foarte importante pentru a rămâne în legătură cu Universul.

Aceste ordonanţe sunt dispoziţii ce trebuie respectate în formularea ordinelor pentru ca ele să fie executate. Ele sunt condiţii de îndeplinit pentru ca formulările voastre să fie în comuniune perfectă cu Universul. Reguli obligatorii de memorat pentru atingerea scopului urmărit.

numărul 4

Fără cifre!

Pentru Univers, **cifrele** nu există ca şi cantităţi. Totuşi, ele există ca mijloc de identificare. Astfel legate de un element al materiei, ele devin o vibraţie energetică. De aceea, cifrele care reprezintă o cantitate nu pot fi utilizate în formulările voastre. Cu toate acestea, puteţi folosi cifre pentru identificarea unui dosar, unui produs sau a unei uşi, pentru că ele există în memoria Universului.

Universul, care este o energie perfectă, primeşte o cerere formulată cu ajutorul numerelor şi îşi pune în acţiune forţa pentru îndeplinirea dorinţei.

numărul 5

Fără greutate!

Logic, din moment ce cifrele nu există sub formă de energie, ar însemna că nu vă puteţi folosi gândirea pentru a pierde din greutate! Dar nu este aşa! Există o posibilitate de a manipula afirmaţiile pentru a obţine acest rezultat. Există un mod ocolit de a proceda, care constă în evitarea menţionării greutăţii dorite. Puteţi recurge la toate posibilităţile pentru a valida intenţiile în privinţa greutăţii.

La momentul potrivit, vă voi oferi o serie de informaţii destinate să vă iniţieze în noua voastră schemă de gândire. Voi mai indica şi diferite modalităţi de abordare pentru fiecare dintre situaţiile pe care doriţi să le transformaţi, în funcţie de intenţii, printr-o utilizare conştientă a energiei Universului.

numărul 6

Fără măsuri!

Este logic: cum cifrele nu există, nici **măsurile** nu există. Fie ele în metri sau în litri, folosirea lor în comenzile pe care le adresaţi Universului este imposibilă.

Să ne imaginăm că doriți să separați o cameră prin draperii. Așadar, ați luat măsuri pentru cumpărarea numărului de metri pătrați de țesătură necesară. Cumpărați un imprimeu care vă place, dar care este la sfârșit de serie, și începeți lucrul. Or, pe parcurs, vă dați seama că ați mai avea nevoie de trei metri din pânza din care ați cumpărat ultima parte rămasă.

Controlându-vă bine gândurile, veți avea posibilitatea să vă procurați pânza care lipsește. Nu credeți? ÎNCETAȚI să mai acceptați gândirea socială, gândirea colectivă. Amintiți-vă că aveți o gândire PERSONALIZATĂ și, în consecință, aveți PUTEREA de a schimba situația.

Doresc să vă atrag atenția asupra acestei noțiuni: o gândire personalizată. Toată viața lucrăm pentru ameliorarea propriului caracter, pentru ca el să fie în armonie cu partenerul nostru de viață și cu anturajul. Înțelepciunea ne face să ne ameliorăm pentru a fi într-o relație mai bună cu ceilalți și cu propria persoană. Multe persoane lucrează la condiția fizică pentru a fi într-o formă mai bună și a avea pentru moment și pe termen lung o viață mai bună calitativ. Dar ce facem cu propriul sistem de gândire? NIMIC! De ce? Pentru că nimeni până astăzi nu ne-a spus că totul începe cu GÂNDIREA.

TOTUL ÎNCEPE CU GÂNDIREA. Dacă acceptați spusele vânzătoarei ca fiind adevărate, nu veți găsi niciodată pânza care vă lipsește, în timp ce, dacă hotărâți să vă opuneți, veți reuși să o procurați.

Nu ne interesează cum se va produce acest lucru. IMPORTANT ESTE REZULTATUL. Atunci când vă alegeți un obiectiv, trebuie să-l considerați deja atins. Puțin contează demersul. Nu uitați:

IMPOSIBILUL DEVINE POSIBIL!

🗝 *numărul 7*

Fără distanţe!

Distanţa nu există în lumea energiei. Gândirea, ca şi cuvântul sunt emiţători de energie; ele fac ocolul Pământului într-o secundă şi revin. Deoarece gândirea este legată de această energie uriaşă, noţiunea de distanţă nu se aplică.

Asta explică faptul că vi s-a întâmplat uneori să vă gândiţi la cineva, iar acea persoană să vă telefoneze la puţin timp după aceea. Aşadar, vă puteţi folosi gândirea pentru a contacta o persoană despre care nu mai ştiţi nimic de ceva timp şi pe care nu o puteţi apela pentru că i-aţi pierdut numărul de telefon.

„... Aryane mă sună în cel mai scurt timp şi stăm de vorbă."

Aţi observat detaliul? *„... şi stăm de vorbă"* Este important să-l menţionaţi, altfel riscaţi ca Aryane să vă telefoneze când nu sunteţi acasă.

🗝 *numărul 8*

Fără timp!

Lucru interesant în Univers: **timpul** nu există. Pe Pământ, suntem conduşi de ore, de zile, de săptămâni, de luni şi de ani. În lumea energiei, această noţiune este inutilă. Timpul, care limitează, este şi el o măsură. Totuşi, este obligatoriu ca fiecare formulare să se raporteze la timp printr-una dintre următoarele de mai jos. Nerespectarea acestei cerinţe provoacă deseori o imperfecţiune în **funcţionarea** mecanismului. Astfel, după fiecare formulă, trebuie să conchideţi prin:

Dacă este posibil ca realizarea să se producă în mai puţin de treizeci de minute:

IMEDIAT SAU PE MOMENT

Dacă, într-o anumită logică, este imposibil ca realizarea să se producă în următoarele treizeci de minute:

ÎN CEL MAI SCURT TIMP

Este posibilă şi determinarea momentului realizării.

ASTĂZI SAU ÎN ACEASTĂ SEARĂ

Să ştiţi că uneori mi se întâmplă să uit noţiunea de timp, chiar şi când caut un simplu loc de parcare... Atunci mă învârt în cerc până găsesc unul. Acest lucru arată că NIMIC nu este dinainte dobândit, nici pentru mine.

numărul 9
Fără bani!

Banii sunt şi ei o energie. Cum cifrele nu există, nu puteţi, prin gândurile voastre, să formulaţi cereri privind sume de bani, de exemplu:

„Am o creştere de salariu cu o anume sumă".

Sau:

> „Cumpăr un anume articol la preţul de..."

Dar vă puteţi exprima formularea în modul următor:

> „Patronul meu îmi acordă cu bucurie o creştere importantă de salariu în cel mai scurt timp".

Sau chiar:

> „Am ocazia mult visată să cumpăr un anume articol la un preţ rezonabil şi acceptabil încheind achiziţionarea în cel mai scurt timp".

Ocazional, am putea înlocui orice menţionare a preţului specific cu o expresie ca „un preţ ridicol". Dar atenţie! Trebuie evitat să-i dominaţi pe ceilalţi. În plus, nu putem utiliza cuvântul *ridicol* decât în situaţii cu totul excepţionale.

De exemplu, nu doriţi să cheltuiţi o sumă mare de bani ca să vă îmbrăcaţi cu ocazia unei căsătorii, întrucât ştiţi că aceste haine nu vă vor mai folosi şi a doua oară.

Într-un astfel de caz, aţi putea conchide formularea prin folosirea expresiei „un preţ ridicol".

La fel, doriţi să cumpăraţi o bicicletă ca să vă plimbaţi, din când în când, cu copiii voştri. Nu doriţi să investiţi mult într-un produs care nu vă va folosi des.

> „Am ocazia mult visată să cumpăr o bicicletă de ocazie în stare perfectă de funcţionare la un preţ ridicol în cel mai scurt timp."

Aţi observat că am menţionat „de ocazie"?

Dacă vă folosiţi gândirea pentru a abuza de semen sau pentru a vă exercita puterea asupra lui, Universul vă va chema la ordine.

NU SUNTEM SCUTIŢI DE NIMIC!

Fie în mod conştient sau inconştient, cunoscând sau nu legile Universului, suntem cu toţii conduşi de aceeaşi funcţionare.

Universul nu gândeşte,
nu reflectează şi nu analizează.

Relaţia noastră cu Universul funcţionează întotdeauna după intenţia inimii. Dacă intenţiile voastre sunt necinstite, Universul va face în aşa fel încât veţi fi, la rândul vostru, victima altor persoane necinstite. De ce? Din cauza legii returului, pe care o vom analiza mai departe.

numărul 4: Fără cifre!

numărul 5: Fără greutate!

numărul 6: Fără măsuri!

numărul 7: Fără distanţe!

numărul 8: Fără timp!

numărul 9: Fără bani!

Capitolul 4

Legile

Până acum am văzut că Universul este condus de **reguli** şi de **ordonanţe**. Dar Universul este supus şi unor **legi**, care sunt în număr de opt. Aceste opt legi importante constituie alte opt CHEI ALE SECRETULUI.

🗝 *numărul 10*

Precizia!

Putem spune: „Să mi se întâmple ce e mai bun!" Sau: „Îmi e din ce în ce mai bine". Să fie oare aceasta formularea potrivită? Nu! De ce? Pentru că Universul nu gândeşte, nu reflectează şi nu analizează.

Despre ce „mai bun" vorbim noi? În ce moment va începe să-mi fie cu adevărat bine?

Precizia este IMPERATIVĂ în formulări. Dacă formula voastră este mai degrabă vagă, veţi obţine un rezultat la fel de vag. **Precizia** va face toată diferenţa în succesul demersului vostru. Cu cât veţi fi mai precis, cu atât rezultatele vor fi mai impresionante.

Evitaţi cuvintele lipsite de sens sau inutile. Totuşi, trebuie să vorbim la superlativ pentru a dinamiza reuşita. Reuşita voastră depinde de precizia formulărilor. Oferind o idee prea generală unui anumit demers, riscaţi să fiţi dezamăgiţi. Cu cât veţi fi mai precişi, cu atât rezultatele vor fi mai concludente faţă de intenţiile voastre.

Într-o zi, o persoană mi-a spus: „Când voi ieşi la pensie, măcar să am strictul necesar..." Dar ce este strictul necesar? Pâine şi apă. Or, aveţi dreptul să trăiţi în abundenţă, numai că trebuie să o şi cereţi.

numărul 11

Blândeţea!

Blândeţea este o lege naturală. Universul nu trebuie niciodată agresat. Când viaţa de zi cu zi este una armonioasă, este natural să ne enunţăm formularea cu calm şi blândeţe. Atunci când nemulţumirile ne asaltează, trebuie să ne amintim că **blândeţea** este o lege a Universului. Universul nu trebuie niciodată agresat atunci când emitem o formulare.

Copiii respectă în mod natural această lege. Ei nu au nicio noţiune de psihologie şi totuşi, atunci când doresc să obţină ceva, recurg la blândeţe. Adolescenţii acţionează în acelaşi fel, chiar şi când se află în conflict cu părinţii, iar războiul este declarat. Atunci, calmul revine imediat în relaţia lor. Apoi, imediat după ce tinerii au avut câştig de cauză, războiul se reia. Aşa cum am spus deja, ei se supun în mod natural acestei legi.

Este nevoie de o foarte mare stăpânire de sine pentru a ajunge la astfel de rezultate. Cu cât exersaţi mai mult acest control, cu atât mai mult va deveni o parte integrantă a persoanei voastre. Blândeţea va deveni pentru voi o a doua natură, adăugându-se celei dintâi, care va consta în controlul gândurilor, ambele formând un tot.

De asemenea, folosind blândeţea în formulările punctuale în situaţii dificile, comportamentul, atitudinea şi reacţiile voastre vor fi impregnate cu ea. Veţi controla cu uşurinţă orice situaţie neprevăzută şi veţi păstra o influenţă perfectă în orice împrejurare. **Calmul** se va adăuga listei calităţilor inerente personalităţii voastre.

numărul 12

Respectul!

Ce legătură poate avea **respectul** cu CHEILE SECRETULUI? Totul este energie. Indiferent de materie - pământ, piatră, apă -, ea este, înainte de toate, energie. Toate formele de materie sunt energie: hrana, natura, cărămizile, cimentul, asfaltul. TOT.

Exemplu. Staţionaţi cu maşina. Locul de parcare pe care îl ocupaţi este mult mai mult decât asfalt vopsit cu nişte linii albe sau galbene. Înainte de toate este UN LOC ÎN ENERGIE.

Atunci când ocupaţi două locuri de parcare, din neglijenţă sau din grabă, aveţi de plătit al doilea loc în energie. Aveţi o singură maşină, aşadar aveţi dreptul la un singur loc în energie.

Fără îndoială, aţi observat că la hotel multe persoane lasă toate luminile aprinse atunci când lipsesc din cameră. Ele vor plăti în energie această pierdere energetică.

Înregistrându-ne la recepţia unui hotel, devenim responsabili de energia camerei în care vom sta. Avem dreptul să utilizăm această energie pentru propriul confort, pentru că în acest scop sunt destinate camerele de hotel. Desigur, compatibilitatea energetică variază în funcţie de culturi. Însă totul trebuie să se plătească într-un fel sau altul.

În restaurantele cu autoservire, debarasarea mesei după terminare şi aşezarea tăvii în locul indicat sunt un lucru obişnuit. Or, constat că multe persoane, îndeosebi adulţi, îşi lasă tăvile pe masă şi părăsesc sala ca şi cum ar fi regii şi stăpânii localului respectiv. Astfel, ei strâng o datorie energetică.

Aruncaţi o hârtie pe jos. Încă o datorie de natură energetică. Singurul mod de a nu vă mai îndatora din cauza unei bucăţi de hârtie este să o aruncaţi la pubelă.

Lista diferitelor situaţii în care ne risipim energia este lungă. Aproape toată lumea ştie din instinct ce trebuie făcut. Pentru a emite şi a atrage vibraţii bune, trebuie să fiţi în comuniune cu energia. Este un tot. Tot ce se trăieşte în interior se reflectă la exterior. Respectul este o hrană energetică ce permite creşterea nivelurilor vibratorii ale persoanei care se străduieşte sau îl exercită în mod natural. Lipsa de respect se plăteşte în energie.

Ce înseamnă a plăti în energie? Să presupunem că aveţi gripă. În loc să vă vindecaţi în mod normal, ea se prelungeşte mai multe săptămâni. Această persistenţă a maladiei înseamnă că aţi plătit o factură energetică. La fel este valabil şi pentru o convalescenţă care depăşeşte termenul prevăzut. Să mai presupunem că proiectele voastre stagnează în mod dezolant. Nimic sau aproape nimic nu se mişcă. Acesta va fi semnul că plătiţi o factură energetică. Obstacolele sunt din ce în ce mai numeroase, aveţi impresia că faceţi echilibristică, vă rotiţi în cerc, şi asta de mai multe luni? Pur şi simplu plătiţi o factură energetică.

Cum se face că ştiu toate acestea? Nefiind fizician, nu ştiu să vă ofer un răspuns ştiinţific. Dar ştiu. Totul este legat. Noi nu suntem decât energie într-un ocean de energie. Atunci când respectăm materia energetică, nivelul vibrator variază întotdeauna în funcţie de comportamentul, atitudinea şi acţiunile noastre. Atunci, în mod automat, suntem legaţi de legea ATRACŢIEI (secretul).

numărul 13

Fixarea!

Acum, a treisprezecea lege: **fixarea.** În timpul unei zile puteţi emite câte formulări diferite doriţi. Dar nu le repetaţi mai mult de trei ori pentru a evita **agresarea Universului** şi, astfel, a încălca CHEIA numărul 14. De îndată ce veţi înregistra câteva reuşite, vă veţi ambiţiona să formulaţi unele obiective la care ţineaţi. Entuziasmul vostru riscă să vă facă să repetaţi prea des aceeaşi cerere, pe punctul de a vă crea o formă de **obsesie**. Or, cu o gândire obsesivă, suntem foarte departe de fericire.

Vă puteţi imagina că putem face până la o sută de formule diferite pe zi? La momentul potrivit, vă voi propune un evantai pe care îl utilizez aproape zilnic. De ce m-aş lipsi de el? Energia este aici şi nu am decât să mă folosesc de ea. Veţi face şi voi la fel, veţi vedea.

Există formulări numite exacte, cum ar fi găsirea unui loc de parcare, oprirea plânsului unui copil sau a sforăitului partenerului de viaţă, dispariţia unei dureri de cap, pe scurt, formulări pentru toate situaţiile care deranjează. De îndată ce mă regăsesc într-o situaţie incomodă, utilizez Universul pentru a-i schimba cursul. În general, îmi formulez cererea **o singură dată**.

Pentru proiectele mele pe termen lung, solicit Universul de trei ori în timpul zilei. Totuşi, nu trebuie făcut de trei ori la rând. Îmi formulez cererea prima dată la începutul zilei. Iată ce se întâmplă. Gândul meu se imprimă în energie în jurul planetei în corelare cu Universul, apoi, treptat, energia sa se estompează. La a doua formulare, gândul meu reia contactul cu Universul şi planeta, sfârşind din nou prin a se estompa încet, ca mai înainte. În cele din urmă, la lăsarea serii, înainte de culcare, reiau aceeaşi cerere, care reia contactul. Aşadar, gândul meu rămâne mereu în activitate între Univers şi planetă. Astfel, un proces de accelerare se pune în funcţiune, iar scopurile mele sunt atinse mult mai repede.

Cu cât veţi face mai multe cereri, cu atât mai repede viaţa voastră se va transforma într-o realitate împlinită. Viaţa voastră de zi cu zi va deveni uşoară în ciuda, uneori, a unei perioade dificile; atitudinea voastră va fi mult mai senină, caracterul se va mlădia, starea de spirit va fi mai zen, iar nivelul vostru vibrator se va transforma într-un flux energetic optim pentru a fi în acord cu legea ATRACŢIEI.

numărul 14

A avea credinţă şi încredere!

Este o problemă de timp şi de experienţă. Dacă m-aţi întreba dacă am îndoieli, v-aş răspunde că nu am niciuna, chiar dacă formulările mele pot părea uneori extravagante. Îndoiala nu mai există de mult timp în viaţa mea. De fiecare dată când intervine îndoiala, formularea voastră se anulează. Legile Universului arată că, utilizându-vă energia în mod corect, vă veţi schimba viaţa. Nu vă puteţi aştepta la nicio binefacere din partea sa dacă vă îndoiţi deja de rezultate în momentul formulării cererii.

Universul este o energie care nu gândeşte, nu reflectează şi nu analizează. El acţionează întotdeauna la perfecţie după dorinţa gânditorului. Aşa a făcut până în prezent, pentru că sunteţi legaţi de el de când v-aţi născut. Dar, ignorând modul lui de funcţionare, aţi atras o mie şi una de situaţii nedorite, care ar fi putut fi evitate cu uşurinţă sau transformate, dacă aţi fi fost educaţi în acest sens.

Cu cât vă veţi implica mai mult în noua relaţie cu Universul, cu atât mai mult veţi avea o viaţă de invidiat. În cele din urmă, ÎNDOIALA va dispărea şi la voi definitiv. Voi reveni asupra îndoielii, ca să-i puteţi înţelege originea şi să ştiţi cum se ajunge la un control perfect.

ELIBEREAZĂ-TE!

Este uşor de spus, dar cum să ajungem să ne ELIBERĂM atunci când o situaţie dificilă ne tulbură viaţa. Aveţi încredere în intervenţia Universului, dar uneori o suspiciune de îndoială se manifestă, vă destabilizează şi vă întoarceţi în himerele voastre din trecut.

Solicitând ajutorul Universului într-un anumit demers, puteţi fi siguri că el va acţiona. Nu o va face întotdeauna în felul la care vă aşteptaţi sau în intervalul de timp sperat, dar va acţiona, şi chiar, uneori, în ultimul minut. Nu mai contează, e sigur că veţi obţine rezultatul dorit dacă afirmaţia voastră este formulată corect.

Vă propun o tehnică de ELIBERARE. Ea funcţionează de minune. Luaţi o coală de hârtie goală. În colţul din stânga sus trasaţi un cerc (nu e obligatoriu ca cercul să fie perfect, dar este important să fie bine închis, adică să nu rămână nicio deschizătură) şi, în colţul din dreapta jos, trasaţi un altul. Apoi reuniţi aceste două cercuri printr-o linie care reprezintă un soi de cordon ombilical.

În cercul de sus vă scrieţi numele; pe cordon, scrieţi „Mă eliberez"; în cercul de jos, scrieţi subiectul „eliberării".

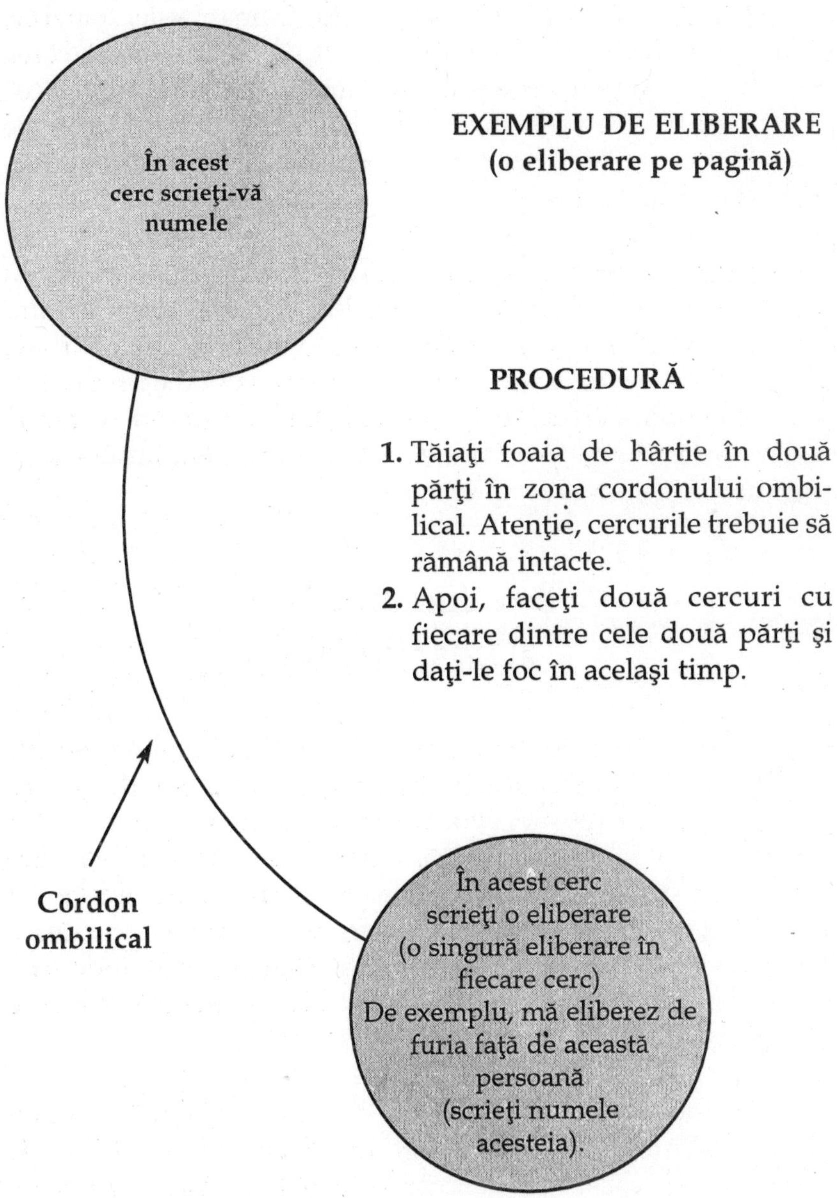

EXEMPLU DE ELIBERARE
(o eliberare pe pagină)

PROCEDURĂ

1. Tăiaţi foaia de hârtie în două părţi în zona cordonului ombilical. Atenţie, cercurile trebuie să rămână intacte.
2. Apoi, faceţi două cercuri cu fiecare dintre cele două părţi şi daţi-le foc în acelaşi timp.

Exemple: angoasele mele, stresul, frământările, temerile, conflictul cu X, aşteptarea noului meu loc de muncă, promovarea mea etc. În cercul de jos trebuie să puneţi o singură „eliberare" pe experienţă. Acest cerc nu este o salatieră, nu putem introduce mai multe situaţii dintr-odată, dar putem face mai multe „eliberări" într-o singură zi.

După ce aţi precizat bine „eliberarea", trebuie să rupeţi sau să tăiaţi foaia de hârtie. Faceţi din ea două cocoloaşe (nu prea compacte) şi daţi-le foc. Trebuie să vă asiguraţi că hârtia a ars în totalitate. Nu există un anumit ritual ce trebuie urmat. Pur şi simplu ardeţi hârtia într-un foc de şemineu sau într-o cratiţă, în afara casei. Puteţi face câte „eliberări" doriţi, dar întotdeauna câte una pentru fiecare experienţă.

numărul 15
Apostilele!

Doresc să vă atenţionez că, atunci când obţineţi o reuşită, acceptaţi că Universul a acţionat energii considerabile pentru voi. În urma unei reuşite, evitaţi următorul tip de remarci: „Am avut noroc. A fost întâmplarea. Oricum s-ar fi întâmplat. Era prevăzut să se întâmple aşa". Şi mai ce? Acest tip de reflecţie ar stopa relaţia energetică existentă între voi şi Univers pentru o durată de şapte ani. Încă o dată, nu vă pot spune de unde ştiu, dar ştiu, iar acest lucru este confirmat de experienţele trăite de diferite persoane.

O apostilă este o rezoluţie scrisă pe marginea unui document. Atunci când parafaţi un document cu iniţialele voastre, la un avocat sau un notar, pentru a aproba o modificare a unui paragraf sau o confirmare în partea de jos a paginii, semnătura voastră este o apostilă.

A te aşeza în afara Universului înseamnă a nu recunoaşte că Universul este cel care a intervenit în atingerea scopului vizat. Nu trebuie să consideraţi această lege ca o pedeapsă, ci ca un avertisment. Vă reamintesc că nu trebuie să vă folosiţi în mod inutil de energii. Universul este foarte sensibil. Prin nerecunoaşterea generozităţii sale, vă separaţi de el.

Atunci când faceţi o observaţie nepoliticoasă, Universul reacţionează în scopul păstrării rezervelor energetice. Deşi ele sunt inepuizabile, dacă toată lumea risipeşte energiile oricum, fără nici un respect, planeta noastră va rămâne în pană! Desigur, acest lucru nu se va întâmpla mâine, totuşi, trebuie să asigurăm supravieţuirea planetei Pământ.

numărul 16
Timpul verbelor!

Este IMPERATIVĂ enunţarea formulărilor voastre la **timpul prezent**. Pentru că timpul nu există, este foarte importantă conjugarea formulărilor voastre la **timpul prezent**. De asemenea, va trebui să alegeţi timpul verbelor pe care le folosiţi într-o conversaţie simplă. Vorbind la timpul viitor sau la condiţional prezent, veţi întârzia atingerea scopului dorit. Energia Universului este foarte sensibilă şi Universul nu acceptă decât propriile legi. Folosind un verb adecvat, viaţa noastră se va îmbunătăţi în ritmul implicării voastre. Trebuie doar să fiţi atenţi la tot ce spuneţi, să vă auziţi vorbind, să vă ascultaţi gândind.

Totul este o problemă de energie. Gândind şi vorbind la TIMPUL PREZENT, activaţi materia energetică şi, în acelaşi timp, nivelul vostru vibrator creşte în putere în legea ATRACŢIEI.

Gândurile şi cuvintele voastre sunt materia primă a vibraţiilor voastre. O alegere atentă a verbelor folosite este foarte importantă. Când e vorba despre lingvistică, primul cuvânt pe care l-aş scoate din dicţionar ar fi verbul **a spera**. Atunci când speraţi, acceptaţi deja reuşita, dar şi eşecul. Dacă vă atingeţi obiectivul, va fi extraordinar, dar dacă se va întâmpla să nu-l atingeţi, nu va fi nimic grav. În mod inconştient, activitatea voastră psihică conştientă, care este legată la Univers, transmite datele.

Şi nici nu doresc nimic, pentru că verbul **a dori** implică un transfer de energie. Atunci când îi urezi cuiva să trăiască o zi frumoasă, împart cu el energia mea pentru a-i satisface propriile intenţii. Aţi remarcat că am spus **să trăiască** în loc de să petreacă o zi frumoasă? Cuvântul **a trăi** conţine multă energie, în timp ce prin cuvântul **a petrece** se subînţelege că spunem energiei să treacă pe deasupra, situaţie în care destinatarul mesajului vostru nu primeşte nimic.

Verbe şi expresii precum *mă împotmolesc, trag din greu, mă enervează, bat pasul pe loc* şi multe altele vă fac să stagnaţi în realitate. Vă rotiţi în cerc, faceţi echilibristică şi nu înţelegeţi de ce. Schimbaţi-vă modul de a vorbi şi vă veţi aduce energia la nivelul său optim. Nivelul vostru vibrator va atrage astfel cu uşurinţă soluţii prin instalarea energiilor bune.

Nu vreau nimic. De ce? Pentru că am tot. Ba nu! Verbul **a vrea** este geamăn cu verbul **a putea**. Atunci când vreţi ceva, daţi puterea altuia şi energiei, în funcţie de persoana cui vă adresaţi. Atunci când îi cereţi copilului să facă un anume lucru, tocmai îi oferiţi puterea; el îl va face atunci când va decide singur că este momentul. Aţi observat că, de fiecare dată când vreţi un lucru, venirea lui este deseori întârziată sau drumul lui este presărat cu obstacole?

Aceasta se datorează faptului că, în mod inconştient, daţi puterea celuilalt. Când utilizaţi verbul a vrea în afirmaţiile sau formulările voastre, daţi Universului **puterea** de a acţiona după bunul său plac. Deşi el nu gândeşte, nu reflectează şi nu analizează, el funcţionează întotdeauna conform realităţii verbului folosit din punct de vedere energetic. Nu uitaţi:

EA ÎMI APARŢINE
O IAU
EA ESTE A MEA

Este vorba despre materia primă, adică ENERGIA Universului. Nu avem nimic de cerut, ci doar de hotărât şi de rezolvat. În funcţie de educaţie sau de mediul familial, aţi fost învăţaţi să cereţi unei divinităţi al unui cult.

Or, lucru **extraordinar**, nu avem nimic de cerut, ci doar de hotărât. Acesta este **MARELE ADEVĂR** al Creaţiei, însă nimeni nu v-a spus asta niciodată. Aţi urmat mereu regulile învăţăturii primite. Totuşi, în Biblie este scris: „Cu credinţa ta poţi muta munţii"; nu este scris: „Cere-mi şi Eu îi voi muta pentru tine". Reflectaţi şi conştientizaţi că, încă de la începuturi, am fost într-o oarecare măsură manipulaţi.

Să fim drepţi şi să presupunem că totul a fost făcut cu bună-credinţă. Dar descoperirea acestui mare adevăr al Creaţiei va readuce în discuţie toate structurile religioase. Scopul meu nu este să vă conving sau să pornesc un război împotriva unei societăţi deja bine ancorate în credinţele ei. Scopul meu este, pur şi simplu, să deschid mintea societăţii spre noi orizonturi, ca să profite în cele din urmă de acest SECRET care a fost bine păstrat. El nu ne-a fost ascuns, ci doar camuflat în mod subtil de canoane în mod înţelept studiate pentru a deţine puterea asupra fiinţei umane.

Ceea ce a fost făcut a fost bine făcut. Pentru simplul motiv că, la începuturi, societatea nu avea nici limite, nici repere. Creând o religie, s-au instituit structuri pentru salvarea eticii şi conducerea fiinţei umane spre un nivel superior materiei. Era un lucru nobil.

Dar astăzi, în faţa acestui adevăr, ce se va întâmpla cu toate aceste credinţe depăşite? Va trebui ca, într-o bună zi, conducătorii să se poziţioneze şi să se adapteze evoluţiei omului şi, în cele din urmă, ENERGIEI.

Nu eu am inventat energia. Dumnezeu, stăpânul credinţelor voastre este Creatorul ei. El ne-a dat gândirea ca să ne lase libertatea de a trece prin numeroase experienţe negative pentru evoluţia noastră. Creând energia primară a legii ATRACŢIEI, El ne-a dat LIBERTATEA. Acum, noi trebuie să ne folosim în mod constructiv de ea şi să urmăm regulile legăturii noastre cu Universul.

Nu pretind că sunt un înţelept, un ales sau altceva de acest tip. Sunt doar o fiinţă umană, la fel ca voi, care a fost aleasă să vă dezvăluie noi adevăruri.

Cu toată modestia, am primit harul divin în diferite moduri şi împrejurări. Ştiam foarte bine că aceste haruri erau legate de cercetarea mea spirituală. De fiecare dată, am fost uluit de autenticitatea sa. Am experimentat-o, am împărtăşit-o altora de-a lungul anilor prin învăţătura ORGANIZĂRII GÂNDIRII. Astăzi, graţie cărţii *Secretul*, oamenii descoperă nevoia de a se ocupa de ei. Aşadar, profit de această agitaţie ca să mă alătur vouă şi să împărtăşim împreună învăţăturile mele importante, în scopul dezvoltării conştiinţei colective.

Fiţi cât mai deschişi la minte. Experimentaţi. Savuraţi această mare descoperire, iar viaţa voastră va fi reflexia tuturor intenţiilor voastre. Nivelul vostru vibrator va creşte şi veţi evolua în magia comuniunii cu Universul.

În privinţa spiritualităţii voastre, a credinţelor, păstraţi-le şi continuaţi să practicaţi în funcţie de propriul cult învăţătura propusă. Totuşi, în loc să-i cereţi lui Dumnezeu sau unei alte divinităţi să vă îndeplinească dorinţele, adresaţi-vă Universului, iar acţiunea voastră se va finaliza în scurt timp.

Am fost educaţi să cerem prin rugăciune şi aducând ofrande, ceea ce este, pe scurt, un soi de şantaj. Or, rugăciunea este doar un mod de a-i mulţumi lui Dumnezeu. A te ruga înseamnă a-ţi înălţa spiritul către măreţia Creaţiei. Este un fel de a mulţumi. ***Înseamnă a mulţumi***. Nu mai avem ce să CEREM, ci doar să HOTĂRÂM.

Rugăciunea este hrana spiritului pentru a fi în armonie cu propriul nivel vibrator. Spiritualitatea nu are nicio legătură cu credinţa. Spiritualitatea este ÎNSUFLEŢIREA INIMII.

numărul 17
Negaţiile!

Toate formele de negaţie sunt ignorate în Univers. El nu înregistrează decât cuvintele-cheie, la fel ca un copil.

Astfel, cuvintele:

NU
NU MAI
NICIUN
NICIODATĂ
FĂRĂ
MAI PUŢIN

... neutralizează Universul.

Prin educaţia noastră, utilizăm în mod inconştient negaţia pentru un da sau un nu. Acest lucru transformă legea negaţiilor într-una dintre legile cel mai greu de respectat pentru noi.

Un exemplu este cel mai bun mod de a înţelege mecanismul acestei energii. Poate că aţi cunoscut deja pe cineva care spunea: „Eu nu-mi doresc să mor de cancer." De ce a murit această persoană? De cancer! De ce?

Amintiţi-vă, şi insist: Universul nu gândeşte, nu reflectează şi nu analizează. Vă repet acest lucru încă din primele pagini ale cărţii. Universul vă dă tot ce doriţi, fără limite.

Persoana care afirma în mod naiv „Eu nu-mi doresc să mor de cancer" ruga de fapt Universul să provoace sfârşitul vieţii sale prin această boală. Cel puţin asta reţinea Universul, pentru că el nu ia în considerare decât cuvintele *doresc să mor de cancer* şi nu înregistrează negaţia *nu*. Am spus de multe ori: Universul vă dă tot ce doriţi, chiar fără să se preocupe de răutatea energiei inconştiente emisă de emiţătorul ei.

Să luăm următorul exemplu ce poate fi observat în toate ţările lumii şi în toate limbile. Este vorba despre o expresie utilizată la tot pasul, într-un mod gratuit şi deseori inconştient: „Nu e nicio problemă" sau „fără probleme". Universul, care înregistrează tot, înregistrează contrariul semnificaţiei acestei expresii. Singurul cuvânt-cheie pe care îl reţine este *problemă*, el înţelegând astfel că: „Există o problemă." Raportându-ne la regulile deja menţionate, este uşor de constatat unde se află greşeala. Universul, aşa cum am repetat deseori, vă dă tot ce doriţi, chiar şi un cancer, ca în cazul mai sus citat.

Energia cuvântului *problemă*, dar şi cea a tuturor celorlalte cuvinte, este **cumulativă**. Altfel spus, în viaţa voastră nu va apărea o problemă de fiecare dată când veţi pronunţa această contradicţie. Cum energiile sunt cumulative, vă expuneţi unor situaţii problematice. Trebuie să ştiţi că fiecare cuvânt rostit sau enunţat în mintea conştientă emite propria energie şi se adaugă energiei voastre globale negative, lucru care dăunează nivelului vostru vibrator. Aceasta este legea ATRACŢIEI.

În cele din urmă, rezultatul este următorul. Suma cumulată a energiilor negative pregăteşte şi proiectează un număr mare de experienţe negative viitoare. Totul poate fi evitat prin supravegherea modului de gândire, de exprimare. Alegerea limbajului şi selectarea gândurilor trebuie să facă parte dintr-o gimnastică zilnică, dintr-un mod de viaţă natural. Nu doar cuvântul *problemă* are o conotaţie negativă. Mai sunt şi multe altele. ESTE INFERNUL! ESTE GROAZNIC! Sau ESTE GREU! ESTE ÎNFIORĂTOR! Sunt doar câteva exemple care vă permit să înţelegeţi problematica mizei.

Îmi veţi spune: „Vorbim doar ca să vorbim." Este adevărat între noi. Dar fiecare cuvânt pronunţat emite energie şi Universul nu are **discernământ**.

Universul execută tot ce noi îi ordonăm, în mod conştient şi inconştient, prin cuvintele pronunţate şi gândurile întreţinute.

Alegerea vocabularului va face toată diferenţa în materie de energie privind atingerea scopurilor şi va amplifica nivelul vostru vibrator. Prin utilizarea cât mai deasă a cuvintelor cu vibraţii tonice ca EXTRAORDINAR, FABULOS, GRANDIOS, GENIAL, IDEAL, SUPER, MINUNAT, viaţa voastră va lua mai repede direcţia pe care i-o ordonaţi doar prin vocabularul ales. Este simplu, nu? Totul este VIBRAŢIE.

În afara vibraţiilor negative selecţionate de un verb nepotrivit ales în mod inconştient, există **aproximările**. Cuvintele limitative reduc partea energetică a verbului. Ele încetinesc amploarea energiei posibile în faţa unor elemente propuse în formulări, dar şi în conversaţiile curente. Iată câteva exemple: ORECUM, NU CHIAR, PROBABIL, APROAPE, DACĂ SE POATE, LA NEVOIE, TOTUŞI, PUŢIN şi FOARTE PUŢIN...

Fiecare gând şi fiecare cuvânt emit propriile energii. Faptul că ele sunt însoţite de o **negaţie** sau de o **aproximaţie** schimbă valoarea nominală a energiei lor. Cu cât veţi fi mai atenţi la modul în care vorbiţi şi gândiţi, cu atât schema aspiraţiilor voastre va fi o reflexie a propriilor gânduri.

Spunând: „Eu nu am încredere în mine" sau: „Eu nu am noroc", nu trebuie să credeţi că Universul vă va da încredere sau noroc, ca în exemplele date. Negaţiile influenţează cuvintele pozitive, anulând adevărata lor valoare energetică. Aşadar, nu veţi fi mai încrezător sau nu veţi avea mai mult noroc.

Universul are propriile reguli, extrem de sensibile. Am petrecut ani la rând încercând să le înţeleg sensul, să găsesc scuze, să nu le admit, atât de mult, încât nu am recunoscut complexitatea Creaţiei. Dumnezeu nu ne-a dat acest cadou (gândirea) ca să fie uşor, ci ca să ne formăm în vederea evoluţiei noastre.

- 🗝 *numărul 10:* Precizia!
- 🗝 *numărul 11:* Blândeţea!
- 🗝 *numărul 12:* Respectul!
- 🗝 *numărul 13:* Fixarea!
- 🗝 *numărul 14:* A avea credinţă şi încredere! (fără îndoială)
- 🗝 *numărul 15:* Apostilele!
- 🗝 *numărul 16:* Timpul verbelor!
- 🗝 *numărul 17:* Negaţiile!

Capitolul 5

Jocul

Înainte de a începe jocul, doresc să vă fac o recomandare foarte importantă. Eu nu cobor niciodată din pat înainte de a-mi planifica ziua. Vă sfătuiesc să faceţi şi voi la fel. Astfel, încă de la începutul zilei, vă acţionaţi mecanismul gândirii, devenind din acel moment mai atenţi la tot ce trăiţi, vă controlaţi gândurile, influenţaţi evenimentele şi dominaţi toate situaţiile.

Nefăcând acest lucru imediat după trezire, vă veţi cufunda în vechile obişnuinţe, ca să înţelegeţi mai târziu, în timpul zilei, că aţi fi putut reacţiona de mai multe ori, dar că pur şi simplu aţi uitat să vă planificaţi activitatea zilei. În realitate, cădem cu uşurinţă în frivolitate şi, din lipsă de insistenţă, ne reluăm repede vechile obiceiuri. Aşadar, faceţi-vă o regulă din a vă planifica ziua înainte de a coborî din pat.

Pentru început, vă propun să identificaţi această energie, altfel veţi cădea repede sub influenţa unui grup cu conotaţie religioasă. Nu am nimic împotriva religiilor, dar despre ce vorbesc eu acum nu are nicio legătură cu vreo cultură. Prin educaţia noastră suntem obişnuiţi să cerem, în timp ce, cu tehnica propusă, nu cerem, ci ordonăm cu **blândeţe** Universului. Este un lucru total diferit şi în el constă toată înţelepciunea în vederea evoluţiei noastre.

Vă propun trei posibilităţi şi vă cer în mod respectuos să vă limitaţi la aceste posibilităţi. În caz contrar, în câţiva ani, nu vom mai vorbi despre GESTIONAREA GÂNDIRII, ci mai degrabă despre o specie în dezordine.

Identificările propuse sunt următoarele:

UNIVERS INFINIT
Sau SPIRIT INFINIT
Sau INTELIGENŢĂ INFINITĂ

Personal, am ales *Univers infinit.* Să vedem afirmaţiile personale pe care le fac în fiecare dimineaţă înainte de a coborî din pat.

- **Univers infinit, trăiesc o zi calmă şi senină.**

Acesta este unul dintre motivele pentru care nu sunt niciodată stresat.

- **Univers infinit, astăzi am nişte surprize plăcute.**

În fiecare zi mi se întâmplă diferite surprize. Sunt surprize mici, ca atunci când cineva îmi oferă o cafea sau îmi face un compliment, şi deseori sunt şi surprize extraordinare, ca să nu spun uimitoare. Vă sugerez să variaţi calificativul, dar să păstraţi întotdeauna cuvântul *plăcut,* pentru că veţi avea cu siguranţă surprize, totuşi de o altă valoare. Iată câteva exemple:

- **Univers infinit, astăzi am surprize extraordinar de plăcute.**
- **Univers infinit, am o surpriză extraordinară şi plăcută imediat.**
- **Univers infinit, în cel mai scurt timp am nişte surprize geniale şi plăcute.**

Dacă într-o bună zi constataţi că nu aţi avut nicio surpriză, cum energia este cumulativă, atunci a doua zi ea va fi mai mare.

Ocazional, puteţi cere un cadou. Nu ar fi logic să faceţi această formulare în fiecare zi, pentru că aţi abuza de energie. Totuşi, o puteţi face din când în când pentru a vă satisface o plăcere mică şi mai ales ca să constataţi că Universul acţionează chiar şi în cazul celor mai trăsnite formulări.

- **Univers infinit, primesc un cadou astăzi.**

Profit de faptul că mă aflu în pat pentru a reflecta şi a-mi pregăti ziua. Îmi continui formulările cu ceea ce prevăd să trăiesc în funcţie de programul din agendă, precizând cum hotărăsc să-l trăiesc.

- **Univers infinit, acum mă aflu într-o perfectă stare de sănătate.**

Uneori, schimb spunând:

- **Univers infinit, trăiesc până la adânci bătrâneţi, lucid şi într-o perfectă stare de sănătate din acest moment.**

Mai putem spune:

- **Mor foarte bătrân, lucid şi în perfectă stare de sănătate.**

Cu siguranţă aţi remarcat că nu am făcut aluzie la timp, şi pe bună dreptate...

Pentru a obţine sănătatea, putem spune:

- **Univers infinit, mă aflu pe drumul vindecării perfecte imediat.**
- **Univers infinit, durerile mele** (precizaţi) **încetează imediat.**
- **Univers infinit, durerea mea de cap încetează imediat.**

ATENŢIE!

Este important să faceţi diferenţa între o durere de cap, o migrenă şi o cefalee. În cazul migrenelor şi al cefaleelor, de îndată ce un semn mic prevestitor se manifestă, afirmaţia trebuie făcută imediat. Durerea va înceta, dar este posibil ca ea să revină puţin mai târziu. Atunci ar trebui să reîncepeţi, chiar dacă pentru asta depăşiţi maximum de trei repetiţii într-o zi.

Veţi reuşi să eliminaţi definitiv durerea dacă ea nu se datorează unei alte cauze fizice cum ar fi o tumoare la creier, de exemplu. Vor trece câteva zile până ce vă veţi reveni complet, pentru ca durerea să fie ştearsă din memoria celulară.

- **Univers infinit, obţin o programare medicală la specialistul X imediat.** (Dacă este vorba despre o urgenţă. Pentru un control de rutină, conchidem cu „în cel mai scurt timp".)
- **Univers infinit, operaţia mea** (sau cea a lui X) **este o reuşită perfectă imediat.**
- **Univers infinit, doctorul X reuşeşte să o opereze cu succes pe Y astăzi.**
- **Univers infinit, cicatrizarea se produce foarte repede acum.**
- **Univers infinit, Z îşi ia viaţa în mâini, ea este hotărâtă să depăşească starea de depresie şi prinde gustul vieţii imediat.**

Vă răniţi...

- **Univers infinit, sângerarea tăieturii mele de la mâna stângă se opreşte imediat sau sângele rănii se coagulează imediat.**

- **Univers infinit, durerea arsurii de l**
stâng încetează imediat.

- **Univers infinit, merg cu uşurinţă şi durerea de la genunchiul drept încetează imediat.**

Dacă adormiţi greu sau luaţi pastile... Dacă suferiţi de insomnie, apelaţi la această formulare cu două ore înainte de culcare, apoi cu o oră înainte şi, în cele din urmă, cu puţin timp înainte de culcare. Astfel nu veţi mai lua pastile şi, în plus, veţi dormi ca un prunc.

- **Univers infinit, adorm imediat.**

- **Univers infinit, partenerul meu încetează să mai sforăie imediat.**

- **Univers infinit, eu dorm în linişte în această noapte.**

Pentru a slăbi...

Pentru a pierde în greutate, formulările trebuie emise înaintea fiecărei mese, chiar şi a micului dejun. Atenţie! Dacă o faceţi în mod neregulat, nu veţi slăbi. Formularea trebuie enunţată de fiecare dată când că pregătiţi să mâncaţi.

- **Univers infinit, tot ce mănânc şi ce beau mă face să slăbesc şi rămân într-o perfectă stare de sănătate imediat.**

- **Univers infinit, micşorează-mi stomacul imediat.**

Această ultimă formulare taie cu adevărat foamea. Atunci când aveţi o foame subită şi puternică enunţaţi această formulă, iar foamea sau pofta de mâncare va înceta imediat.

Sunteţi în căutarea iubirii, să ne imaginăm că este o femeie...

- **Univers infinit, întâlnesc şi îmi împart viaţa cu femeia ideală. Ea este celibatară, liberă, nu e însărcinată, este muncitoare, în perfectă stare de sănătate fizică şi psihologică, fidelă, senzuală, îi place viaţa, îi place să călătorească, să joace golf. Drumurile noastre se întâlnesc şi ne iubim în cel mai scurt timp.**

Aţi observat, cu siguranţă, că am introdus multe detalii. **Precizia** este importantă. O celibatară, o femeie liberă! De ce liberă? Pentru a nu întâlni o femeie care frecventează alţi doi bărbaţi. Am mai specificat „nu e însărcinată", pentru a nu-mi asuma responsabilitatea copiilor altora.

O încheiere bună a formulării este foarte importantă. Într-o bună zi, o doamnă mi-a spus că întâlnise bărbatul ideal. După trei luni, se despărţeau. Domnul nu o iubea, ea uitase să menţioneze: „şi ne iubim".

Căutaţi de lucru? Găsirea unui loc de muncă este la fel de uşoară precum cea a unui loc de parcare.

- **Univers infinit, obţin slujba ideală potrivită personalităţii şi cunoştinţelor mele, într-un mediu favorabil, în condiţii excepţionale şi cu un salariu extraordinar în cel mai scurt timp.**

Când spun „un salariu extraordinar", nu doresc să spun un salariu de director. Mă refer la un salariu superior celui propus în mod obişnuit pentru acelaşi post, în aceleaşi condiţii.

Înaintea unui interviu:

- **Univers infinit, sunt calm şi relaxat imediat.**
- **Univers infinit, am o foarte mare încredere în mine imediat.**
- **Univers infinit, mă exprim într-un mod corect şi inteligent imediat.**

Sau:

- **Univers infinit, sunt calm, relaxat, cu o foarte mare încredere în mine. Mă exprim într-un mod corect şi inteligent imediat.**

Plus:

- **Univers infinit, am o charismă irezistibilă astăzi.**
- **Univers infinit, strălucesc de fericire imediat.**
- **Univers infinit, radiez de iubire în seara asta.**

În privinţa relaţiilor la serviciu...

- **Univers infinit, şeful meu este calm şi relaxat astăzi.**
- **Univers infinit, patronul meu îmi recunoaşte calităţile, mă apreciază la adevărata mea valoare şi îmi acordă o creştere generoasă de salariu în cel mai scurt timp.**
- **Univers infinit, colegii mei de serviciu sunt calmi şi productivi astăzi.**

- **Univers infinit, colegii mei de serviciu sunt pozitivi imediat.**

- **Univers infinit, relaţiile mele cu colegii de serviciu sunt armonioase şi plăcute. Fiecare dintre ei îl respectă pe celălalt, apreciază calităţile tuturor, colaborează cu entuziasm şi recunoaşte marile lor calităţi astăzi.**

O promovare.

- **Univers infinit, sunt promovat pe postul de** (titlul postului). **Conducerea recunoaşte experienţa şi calităţile mele de negociator** (sau altele, în funcţie de post şi de cerinţele lui). **Obţin o creştere importantă de salariu şi avantaje extraordinare în cel mai scurt timp.**

Pentru proprietarii de magazine, de formulat zilnic în momentul deschiderii uşii...

- **Univers infinit, suntem pe drumul reuşitei şi al bogăţiei, afacerile merg excelent şi trăim în belşug financiar imediat.**

- **Univers infinit, astăzi vând mult şi depăşesc cifra de afaceri precedentă.**

În momentul unei întâlniri de afaceri...

- **Univers infinit, întâlnirea mea cu** (numele persoanei) **este încununată de succes. Argumentele mele sunt convingătoare, iar charisma irezistibilă, astăzi** (sau în cel mai scurt timp, după caz).

Pentru drum...

- **Univers infinit, suntem perfect protejaţi astăzi şi ajungem la destinaţie în perfectă siguranţă.**

În cazul ambuteiajelor şi al altor probleme în trafic...

- **Univers infinit, drumul se eliberează imediat.**
- **Univers infinit, ceaţa se ridică imediat.**
- **Univers infinit, roţile maşinii mele aderă în mod eficace la drum imediat.**

Pentru o reparaţie...

- **Am o întâlnire imediat cu mecanicul** (spuneţi numele acestuia).
- **Univers infinit, mecanicul este foarte competent şi face reparaţia perfect la un preţ corect şi rezonabil imediat.**
- **Univers infinit, proprietarul service-ului auto are ocazia mult visată de a cumpăra piesa** (numiţi piesa) **pe care mi-o vinde la un preţ rezonabil în cel mai scurt timp.**

Pentru un proiect privind o achiziţie...

IMPORTANT! Trebuie precizat dacă este vorba despre EU sau despre NOI.

- **Univers infinit, am ocazia mult visată să cumpăr în apropiere de** (numiţi oraşul sau regiunea) **o casă spaţioasă, luminoasă, curată, fără probleme, înconjurată de vecini drăguţi şi generoşi, într-un**

loc liniştit şi cu verdeaţă, în condiţii adecvate bugetului meu şi la un preţ în acelaşi timp rezonabil şi acceptabil în cel mai scurt timp.

Pentru o vânzare...

- **Univers infinit, vând** (numiţi bunul de vânzare: casă, maşină, motocicletă, articol vestimentar etc.) **unui cumpărător serios, solvabil, cu bani lichizi, la un preţ acceptabil pentru amândoi. Condiţiile tranzacţiei sunt conforme înţelegerii făcute şi cele două părţi sunt foarte satisfăcute de tranzacţie în cel mai scurt timp.**

Pentru vânzarea unei case, afişaţi, pe faţada acesteia, de mai multe ori pe zi, un autocolant roşu pe care să scrie VÂNDUT. Procedeul este valabil şi pentru o maşină, un vas, o motocicletă; este suficient să aşezaţi o pancartă uriaşă cu inscripţia VÂNDUT. Legea ATRACŢIEI! Roşul este foarte important pentru că este o culoare foarte puternică în energie.

Pentru un proiect de călătorie...

- **Univers infinit, petrec o vacanţă extraordinară. Mă odihnesc bine într-un mediu înconjurător calm şi liniştit. Cunosc oameni plăcuţi şi mă distrez mult. Sunt tot timpul perfect protejat şi diger bine hrana** (exemplu: mexicană), **totul în cel mai scurt timp.**

Pentru depăşirea unui obstacol...

- **Univers infinit, din respect pentru mine, acţionez rapid în faţa problemelor din viaţa mea. Îmi folosesc imediat puterile de ORGANIZARE A GÂNDIRII. Sunt o persoană împlinită.**

- **Univers infinit, am soluţia ideală** (pentru un anume conflict, o anume neînţelegere, o anume situaţie neprevăzută etc.) **imediat.**

- **Univers infinit, X încetează imediat să mai fie supărat, îşi schimbă atitudinea şi trăim într-o armonie perfectă.**

Pentru renunţarea la fumat...

- **Univers infinit, elimină din mine gustul nicotinei. Detest acest gust. Îmi controlez cu uşurinţă tabagismul. Sunt foarte motivat să renunţ la fumat în cel mai scurt timp.**

Recomandare: Plasaţi în diferite locuri strategice (frigider, uşa de la intrare, uşa dulapului, bordul maşinii etc.) data definitivă la care veţi renunţa la fumat. Subconştientul vostru va înregistra această dată de fiecare dată când o veţi vedea. Tot ce se trăieşte în interior se reflectă la exterior. Legea ATRACŢIEI!

Pentru renunţarea la alcool...

- **Univers infinit, elimină din mine gustul alcoolului în mod definitiv. Sănătatea mea este excelentă. Viaţa mea familială şi socială este în perfectă armonie în cel mai scurt timp.**

ATENŢIE! Nu putem emite o formulare pentru o altă persoană fără acordul ei, altfel acest lucru devine un control al puterii, şi nu avem acest drept. Cu excepţia, totuşi, a cazurilor în care o femeie şi nişte copii sunt neglijaţi sau maltrataţi de un soţ alcoolic. În acest caz, formularea se face într-un scop nobil, fără prejudicierea familiei.

Pentru studii...

- **Univers infinit, sunt foarte atent şi înţeleg cu uşurinţă** (numiţi titlul studiului) **imediat.**

De spus înaintea fiecărei perioade de studiu sau înaintea începerii fiecărui curs.

- **Univers infinit, X este foarte motivat şi îşi continuă studiile cu mult interes imediat.**

Dacă persoana are mai puţin de optsprezece ani, nu avem de-a face cu o luare de putere. Este rolul părinţilor, în calitate de educatori, să se preocupe de succesul copilului lor.

Înaintea unui examen...

- **Univers infinit, sunt calm şi relaxat imediat.**

- **Univers infinit, revino în mintea mea să cauţi răspunsurile de la** (numiţi materia în cauză) **imediat.**

- **Univers infinit, profesorul îmi dă o notă corectă şi foarte bună la examenul de** (numiţi materia în cauză) **în cel mai scurt timp.**

Pentru un examen oral...

- **Univers infinit, sunt calm şi relaxat imediat.**

- **Univers infinit, am o foarte mare încredere în mine imediat.**

- **Univers infinit, mă exprim într-un mod clar şi concis. Expunerea mea este excepţională** (sau, după caz, **răspunsurile mele sunt perfecte imediat**).

Pentru o activitate sportivă...

- **Univers infinit, sunt într-o formă extraordinară şi performanţa mea este imediat cea a unui campion.**

- **Univers infinit, coechipierii mei au un spirit de echipă extraordinar şi ne câştigă meciul imediat.**

- **Univers infinit, sunt suplu şi agil. Stăpânesc la perfecţie disciplina mea şi fac onoare echipei mele imediat** (sau în această după-amiază, sau în această seară).

Pentru o decizie, o alegere...

- **Univers infinit, am un răspuns clar, net şi exact la întrebarea mea** (precizaţi alternativele posibile, de exemplu: **să accept oare postul de director la General Motors sau să îmi păstrez postul de director-adjunct la Banca Naţională?**) **şi ştiu să recunosc răspunsul în cel mai scurt timp.**

- **Univers infinit, mă mut sau rămân în apartamentul meu? Ştiu să recunosc răspunsul în cel mai scurt timp.**

- **Univers infinit, am o confirmare exactă asupra alegerii** (precizaţi) **şi ştiu să recunosc răspunsul în cel mai scurt timp.**

Decizie în privinţa unei relaţii...

- **Univers infinit, X îşi exprimă sentimentele cu sinceritate şi îmi mărturiseşte intenţiile sale în cel mai scurt timp.**

- **Univers infinit, am un răspuns clar şi exact privind implicarea mea în relaţia cu Y în cel mai scurt timp şi ştiu să recunosc răspunsul.**

- **Univers infinit, sunt bine informat despre seriozitatea sentimentelor lui Z şi de hotărârea sa privind relaţia noastră în cel mai scurt timp.**

Pentru zgomot... Aveţi vecini gălăgioşi...

Într-o zi, trei participanţi la un curs de formare aveau aceeaşi problemă: se plângeau de vecinii lor gălăgioşi. Controlându-şi gândurile într-un mod bun, este evident că vecinii vor deveni calmi şi respectuoşi. Dar cum?

Dacă aceste persoane, părăsind locul de muncă, ar hotărî prin gândurile lor că îşi vor deranja din nou vecinii, atunci aşa ar face. Dar, schimbându-şi gândurile şi HOTĂRÂND că au vecini calmi şi respectuoşi, vor deveni şi ei la fel.

- **Univers infinit, vecinii mei sunt calmi şi drăguţi imediat.**

- **Univers infinit, câinele se opreşte din lătrat imediat.**

- **Univers infinit, zgomotul** (numiţi-l) **încetează imediat.**

Pentru depăşirea unui obstacol...

- **Univers infinit, acţionez rapid în faţa problemelor din viaţa mea. Sunt foarte motivat să reuşesc. Trec la acţiune pentru că sunt o persoană extraordinară, imediat.**
- **Univers infinit, am soluţia ideală pentru** (numiţi conflictul sau problema) **în cel mai scurt timp.**
- **Univers infinit, elimină din mine temerile şi îndoielile imediat.**

Pentru sentimentul de a nu fi iubit de părinţi în perioada copilăriei...

- **Univers infinit, iert mamei sau tatălui modul în care el sau ea m-a iubit. Accept vidul de iubire din copilărie. Îi ofer dragostea mea necondiţionată imediat.**
- **Univers infinit, am o relaţie foarte bună cu familia imediat.**
- **Univers infinit, sunt într-o perfectă armonie cu tot anturajul meu imediat.**

Pentru acceptarea din partea copilului a noii relaţii a părinţilor lui divorţaţi.

- **Univers infinit** (numele copilului), **acceptă** (numele noului partener). **Relaţiile sale cu el sau ea decurg în pace şi armonie. El sau ea împărtăşeşte dragostea mamei** (tatălui) **sale. El sau ea este fericit sau fericită şi veselă. Suntem cu toţii foarte fericiţi imediat.**

În cazul protecţiei excesive din partea partenerului (posesiv).

- **Univers infinit, elimină posesivitatea lui** (numele persoanei). **El sau ea are încredere în mine, îmi acordă libertate, mă lasă să fiu eu însumi şi îmi dă libertatea să fac lucrurile pe care le doresc. El sau ea mă respectă. Sunt fericită şi veselă imediat.**

Pentru ziua de curăţenie...

- **Univers infinit, fac curat în casă cu bucurie, astăzi.**

- **Univers infinit, am ajutor pentru curăţenia casei, imediat.**

- **Univers infinit, am ocazia mult aşteptată a unui ajutor pentru terminarea vopsitului în cel mai scurt timp.**

Pentru invizibilitate...

Sunteţi surprinşi că vă vorbesc despre invizibilitate? Şi, totuşi, funcţionează.

Aveţi o întâlnire şi, mergând spre locul cu pricina, observaţi o cunoştinţă care se îndreaptă spre voi, dar nu aveţi timp să staţi de vorbă cu ea...

- **Univers infinit, sunt invizibil în ochii lui X, imediat.**

Chiar dacă X vă priveşte în ochi, ea nu vă va vedea pentru că nu veţi fi acolo ca energie.

Staţionaţi. Nu aveţi nicio monedă pentru aparatul de taxare a parcării şi vă este imposibil să găsiţi vreun ban. V-aţi uitat portofelul acasă...

- **Univers infinit, maşina mea este invizibilă pentru controlorii vigilenţi, imediat.**

ATENŢIE! Am spus bine că nu aveţi nicio monedă şi nici portofelul. Dacă nu se întâmplă aşa şi doriţi doar să testaţi Universul, nu va funcţiona.

Trebuie să treceţi printr-un loc întunecos şi nu foarte sigur şi vă simţiţi ameninţat...

- **Univers infinit, sunt invizibil în ochii agresorilor imediat.**

Chiar dacă nişte tineri aşteaptă un trecător ca să-i fure bijuteriile, portofelul sau geanta, şi chiar dumneavoastră sunteţi acel trecător, SUNTEŢI INVIZIBIL!

Totuşi, dacă utilizaţi INVIZIBILITATEA pentru a juca feste, legea returului va face în aşa fel încât să plătiţi, într-un fel sau altul. NU SUNTEM SCUTIŢI DE NIMIC!

Nişte animale domestice sau sălbatice vă distrug mediul înconjurător...

- **Univers infinit, grădina mea este invizibilă în ochii pisicii vecinei mele imediat.**
- **Univers infinit, sunt invizibil pentru ţânţari imediat** (ei vor veni în jurul vostru, dar nu vă vor atinge, sau pur şi simplu se vor îndepărta).
- **Univers infinit, casa mea este invizibilă pentru răufăcători imediat.**

- **Univers infinit, instalează un gard invizibil în jurul balconului meu (sau, după caz, al grădinii) imediat.**

Veţi constata că animalul va rămâne în spaţiul delimitat de gardul invizibil. Este impresionant!

Nişte animale mici - cârtiţe, şoareci-de-pădure, furnici - vă distrug mediul înconjurător:

- **Univers infinit, cârtiţele** (animalele indezirabile trebuie menţionate) **părăsesc mediul meu înconjurător imediat.**

Într-o zi, o persoană s-a făcut invizibilă în ochii patronului ei pentru a recupera întârzierile acumulate la serviciu. Acesta nu a dorit s-o plătească. Din fericire, ea a putut aduce dovezile prezenţei sale arătându-i sarcina îndeplinită, iar colegii de serviciu i-au confirmat prezenţa.

ATENŢIE! Dacă faceţi formulări talmeş-balmeş, veţi obţine rezultate nesatisfăcătoare. Trebuie să reflectaţi şi să evitaţi să lansaţi orice în Univers.

Deseori, mi se spune că această putere provoacă teamă. Atunci, am întrebat de ce. Oamenii devin conştienţi de toată puterea din ei, imaginându-şi că ceva s-a schimbat sau se va schimba faţă de trecut. Într-adevăr, totul SE VA SCHIMBA după intenţia celui care cere! Înainte, în mod conştient sau inconştient, formulările sau afirmaţiile erau diferite şi nu întotdeauna clare, dar eraţi totuşi legaţi de acest Univers, obţinând întotdeauna rezultate plăcute şi uneori chiar contrare intenţiilor voastre.

Fiţi încrezători şi atenţi la propriul mecanism al gândirii. Vă dau o formulare de făcut zilnic pentru obţinerea unor rezultate mai bune, încă din acest moment.

- **Univers infinit, sunt foarte atent la modul în care gândesc şi vorbesc astăzi.**

Aveţi toate cheile în mâini pentru a vă transforma viaţa. Dorinţa de schimbare depinde doar de hotărârea voastră. Este mai uşor să nu faci nimic decât să te ocupi de propria persoană. Diferenţa dintre un învingător şi un perdant este pur şi simplu iubirea de sine.

Gândirea creează, pentru că este o energie. Analizaţi anumite situaţii din trecutul vostru. Uneori, aţi fost învingător pentru că aţi controlat la perfecţie propriul mecanism de gândire. Dar, ignorând marea ei forţă, v-aţi lăsat uneori dominaţi de evenimente. Dintr-o indiferenţă naturală, v-aţi supus situaţiei neglijând forţele gândirii voastre.

Chiar şi fără nicio cunoştinţă despre acest lucru, este natural pentru om să ştie că acest mecanism există şi că este puternic. Prin ignoranţă el nu îşi dezvoltă această facultate. El trăieşte într-o indiferenţă fără condiţii, gata să se supună influenţelor anturajului.

În ziua în care conştientizăm că totul începe prin GÂNDIRE, putem demara antrenamentul pentru a experimenta până unde merge această putere. Cu uimire veţi constata toată această PUTERE. Nu veţi rezista tentaţiei de a depune toate eforturile necesare pentru a vedea concretizându-se, în viaţa voastră, rezultate impresionante.

Desigur, este mai simplu că gestionezi ceva negativ decât să faci efortul de a schimba cursul situaţiei. Pentru că, luaţi pe neaşteptate, permitem evenimentului să aibă prioritate şi imediat emoţiile negative şi contradictorii domină atât de puternic, încât rămânem blocaţi o bună parte a zilei şi uneori chiar mai mult.

Evident, nu putem preveni întotdeauna neplăcerile, dar ne putem schimba atitudinea astfel încât să tragem o învăţătură din ele şi să transformăm situaţia dificilă în experienţă constructivă. Nu putem modifica, bunăoară, cursul unui eveniment exact, dar suntem înzestraţi astfel încât să-l trăim într-un anumit mod.

Să luăm cazul în care un membru al familiei voastre are un accident. Desigur, acest lucru nu este prevăzut în programul zilei voastre. Un astfel de eveniment este trist şi uneori chiar catastrofal. Nu-l putem schimba, dar îl putem trăi într-un alt fel, gestionându-ne gândurile. În loc să intrăm în panică şi să bombănim acest eveniment neprevăzut neplăcut, să hotărâm mai degrabă gestionarea gândurilor astfel încât să fie instituite cele mai bune soluţii pentru victimă şi ca totul să reintre în normal foarte repede.

Se fac formulări pentru ca îngrijirea primită în spital să fie cât mai bună, moralul victimei să fie excelent, colaborarea dintre membrii personalului medical să fie excepţională, pentru instituirea unor soluţii perfecte, cerând mereu scurtarea termenului-limită, în funcţie de fiecare situaţie în parte.

Pentru ca un eveniment să fie mai degrabă o experienţă pozitivă decât negativă, toată diferenţa o face vigilenţa gândirii voastre. Evenimentul va fi trăit într-o stare de stres, de furie şi de alte sentimente negative dacă îl refuzaţi. Dacă îl acceptaţi şi hotărâţi mai curând să gestionaţi faptele decât să le permiteţi lor să vă domine, viaţa voastră cotidiană va fi mai uşoară.

Controlând o situaţie negativă, aveţi o minte mai lucidă şi veţi fi mai calmi. Veţi avea o atitudine pozitivă şi veţi stăpâni situaţia ca un maestru. A lăsa evenimentele să vă controleze viaţa înseamnă a pierde controlul asupra ei. Atunci, viaţa voastră va fi doar o reflectare atât a gândurilor voastre, cât şi ale celorlalţi, fiind influenţată de energiile pe care situaţiile nesănătoase vă fac să le suportaţi.

Într-un demers solitar, reuşita este sigură dacă gândurile sunt bine controlate asupra subiectului. Atunci când demersul este gândit de un partener sau un grup, toţi trebuie să vizeze acelaşi obiectiv. Nu ştiu cine a spus: „Unirea face puterea", dar avea dreptate. Forţa unei uniuni nu depinde doar de numărul de persoane, ci şi de calităţile lor psihice. Intervine o recesiune? De ce? Pentru că mass-media vorbeşte zilnic despre ea, fără să se gândească la consecinţele dezastruoase ale unor astfel de informaţii. Ea creează un climat de insecuritate socială atât de mare, încât situaţia devine dramatică, mii de persoane căzându-i victime. Ne amintim, nu cu mult timp în urmă, de gripa aviară!

Atunci când efectuez un curs de formare în ORGANIZAREA GÂNDIRII, primul lucru pe care îl spun este: „La sfârşitul cursului din această seară, vă voi da o cameră video ca să conştientizaţi că voi sunteţi PRODUCĂTORUL, REALIZATORUL şi SCENARISTUL filmului cu titlul VIAŢA MEA! Ce rol doriţi să jucaţi în acest film?"

Răspunsurile la această întrebare variază, dar singurul răspuns bun şi acceptabil este VEDETA sau ROLUL PRINCIPAL. De ce? Pentru că sunteţi cea mai importantă persoană şi aveţi toate puterile de a vă schimba cursul vieţii, lucru care se realizează, în primul rând, în GÂNDIRE.

O experienţă impresionantă pe care v-o propun este trimiterea de trandafiri roşii sub formă de energie. În acest scop, trebuie să vizualizaţi destinatarul primind un buchet impresionant. Dacă transmiteţi în energie trandafiri roşii partenerului, copiilor, părinţilor, prietenilor, patronului, colegilor voştri de serviciu etc., probabil că nu veţi vedea o diferenţă foarte mare în atitudinea lor dacă relaţia voastră este pozitivă, pentru că vă aflaţi deja într-o simbioză optimală.

Totuşi, dacă trăiţi o relaţie conflictuală, un lucru cu adevărat extraordinar este că acest conflictul ia sfârşit, şi asta imediat.

Comportamentul persoanei cu care vă aflaţi în conflict se va schimba radical.

Numeroase mărturii ale participanţilor la cursurile mele de ORGANIZARE A GÂNDIRII certifică acest lucru. Iată câteva dintre ele. Un bărbat mi-a mărturisit că sora lui i-a telefonat după nouă ani de tăcere. Un altul mi-a explicat că o colegă de serviciu i-a spus „bună ziua" pentru prima oară după mai multe luni în care a fost supărată. Neînţelegeri în familie au încetat. Relaţii tensionate s-au transformat. Neînţelegeri s-au rezolvat. Totul este posibil! Nu uitaţi: imposibilul devine posibil prin gestionarea gândirii! Aceasta este legea atracţiei...

ATENŢIE! Trandafirii roşii nu reprezintă soluţia tuturor problemelor. Altfel v-aş fi distribuit o foaie de hârtie despre energia trandafirilor roşii, explicându-vă că ei sunt cheia miraculoasă prin excelenţă.

Pentru a mai schimba, îi trimit uneori unui destinatar o PLOAIE DE PETALE DE TRANDAFIRI ROŞII. Sau, atunci când primesc invitaţi, întind sub formă de energie un covor de petale de trandafiri roşii în salon şi în sufragerie pentru a crea o ambianţă mai bună. Mai depun în gând în diferite locuri buchete de trandafiri roşii.

Este foarte important să-l VIZUALIZAŢI pe fie destinatarul trandafirilor, fie locul în care este aşezat buchetul. Nu am putea ordona Universului, de exemplu, să trimită câte un buchet de trandafiri roşii tuturor locuitorilor Pământului. Ar fi prea vag, formularea fiind lipsită de precizie.

Ne putem trimite în gând trandafiri roşii ca să trăim o zi minunată. Atunci când primim flori, ziua este mai frumoasă, nu-i aşa? În energie, este exact acelaşi lucru.

Îţi trimit, dragă cititorule, dragă cititoare, un buchet frumos de trandafiri roşii. Iar când trimit trandafiri, nu mă uit la preţ! Îmi permit să ofer douăsprezece duzini de trandafiri roşii! În gând, preţul este acelaşi, nu costă NIMIC.

Un alt lucru ce trebuie reţinut: Universul nu are DISCERNĂMÂNT. Acest adevăr nu se bazează pe o lege, ci doar pe logică. Într-o conversaţie, dacă interlocutorul nostru nu este foarte precis, putem, prin **discernământ**, să conturăm fondul gândirii sale. Dar Universul nu gândeşte, nu reflectează şi nu analizează, el nu are discernământ. El ia întocmai tot ce-i ordonăm, sub formă de formulare sau de afirmaţie, şi execută la perfecţie.

Ca o concluzie la acest capitol, iată două gânduri care ghidează acum fiecare acţiune din viaţa voastră. Aceste două gânduri explică de ce aţi hotărât să vă luaţi destinul în mâini. Citiţi cu voce tare!

MĂ IUBESC SUFICIENT
CA SĂ VREAU SĂ SCHIMB
CURSUL VIEŢII MELE

EU SUNT PRODUCĂTORUL,
REALIZATORUL,
SCENARISTUL
FILMULUI VIEŢII MELE.

Vă propun câteva exprimări pe care le puteţi repeta ocazional sau zilnic:

- **Univers infinit, mă aflu în posesia unei puteri extrem de mari, iar această putere extrem de mare îmi transformă viaţa de îndată ce învăţ să o folosesc.**

- **Univers infinit, vibraţia mea, energia mea determină împrejurările şi situaţiile care îmi apar.**

- **Univers infinit, forţa mea de a gândi este puterea care creează viaţa mea. Am forţa să inserez în mintea mea, astăzi, toate gândurile pe care le aleg.**

O ultimă sugestie. V-am spus că nu cobor niciodată din pat înainte de a emite câteva formulări ca să-mi încep ziua. Ceea ce vă sugerez este legat de momentul în care intraţi în propria maşină pentru a merge la serviciu sau la o întâlnire,

ÎNCHIDEŢI radioul
şi HOTĂRÂŢI cursul evenimentelor care vor surveni
şi modul în care doriţi să se deruleze.

GÂNDESC! GESTIONEZ! HOTĂRĂSC!

Capitolul 6

Legea universală

IUBIREA. Numai citind acest cuvânt vă întrebaţi ce legătură poate avea iubirea cu Universul. Sunteţi îndreptăţiţi să vă puneţi această întrebare. Iubirea este şi ea o energie. Nu vă veţi îndrăgosti de acest Univers, iar Universul nu se va îndrăgosti de voi, dar iubirea este uniunea care face ca energiile să se asocieze în scopul unei realizări. Legea ATRACŢIEI!

Ce se întâmplă între un bărbat şi o femeie pentru ca ei să se îndrăgostească unul de celălalt? Energia iubirii. Atunci când nu mai există iubire într-o relaţie, nimic nu mai funcţioneaza. Acelaşi lucru se întâmplă în cazul unei prietenii. De îndată ce apar neînţelegeri, chimia nu mai există şi dorinţa de a se frecventa dispare. Energia iubirii se face nevăzută.

Dacă emiteţi gânduri de iubire faţă de semenul vostru, veţi obţine în schimb recunoştinţa sa. Dacă emiteţi judecăţi severe, sentimente de furie, acuzaţii şi cuvinte urâte faţă de semeni, nivelul vostru vibrator scade, la fel ca şi strălucirea voastră. Atunci, veţi atrage persoane negative şi care nu sunt mulţumite de sine. Sunteţi mereu întrebaţi despre relaţiile voastre şi nu v-aţi întrebat niciodată de ce?

Noi suntem doar energie într-un mediu constituit din energie. Emiţând gânduri de iubire, veţi atrage iubire. Emiţând gânduri de revoltă, proferând bârfe sau calomnii, comiţând acţiuni provocate de intenţii răuvoitoare, veţi atrage situaţii neplăcute şi nu veţi înflori în iubire.

Sunteţi în căutare de iubire şi nu reuşiţi să găsiţi persoana ideală. Acest lucru se întâmplă din cauza faptului că energiile voastre sunt negative şi îndepărtează orice posibilitate de a înnoda o relaţie stabilă. Mergeţi la întâlniri, dar niciodată nu întâlniţi persoana potrivită. Ea nu corespunde aşteptărilor voastre, este negativă sau personalitatea ei contrastează cu a voastră. Sunteţi tot timpul decepţionaţi şi uneori chiar deznădăjduiţi că veţi întâlni în cele din urmă dragostea.

Punându-vă în simbioză cu Universul, veţi simţi plenitudinea faptului de a fi în legătură cu energia lui. Veţi vedea că toată fiinţa voastră se va transforma. Veţi radia. Aura voastră va fi complet diferită. Strălucirea voastră va creşte pe măsură ce relaţia cu Universul se va intensifica.

Pentru a fi iubiţi, trebuie, înainte de toate, să iubiţi. Pentru a atrage iubirea, trebuie să fiţi îndrăgostiţi de sine, de viaţă şi de ceilalţi printr-un spirit conştient. Universul va înregistra energiile voastre şi va schimba în mod automat vibraţiile voastre negative şi cele obişnuite în vibraţii pozitive de iubire. Suntem doar energie, iar energiile emit vibraţii. Pentru a atrage iubirea este nevoie, înainte de toate, de IUBIRE DE SINE. Pentru a atrage iubirea trebuie, în primul rând, SĂ VĂ IUBIŢI. Nu putem atrage iubirea dacă nu ne iubim. Legea ATRACŢIEI.

Toată lumea cunoaşte LEGEA ATRACŢIEI, dar oare toată lumea conştientizează forţa ei? Nu cred. Tot ce facem BINE cu gândul, cu cuvântul şi cu fapta primim înapoi înmulţit cu trei în următorii douăzeci şi unu de ani.

Acelaşi lucru este valabil pentru tot ce facem RĂU cu gândul, cu cuvântul şi cu fapta. Chiar dacă o credem sau nu, chiar dacă o acceptăm sau nu, este o lege universală, este legea ATRACŢIEI.

Dacă nu am primit răsplata gândurilor şi acţiunilor bune în viaţa prezentă, le vom primi în viaţa următoare. NIMIC NU SE UITĂ. Iar dacă nu am plătit consecinţele gândurilor noastre negative sau distructive, precum şi ale acţiunilor sau intenţiilor noastre rele faţă de ceilalţi în această viaţă, le vom plăti în următoarea. NIMIC NU NE ESTE IERTAT.

Chiar dacă spunem că nu ştiam sau că nu ne-am gândit la asta, energia acţionează după regulile creării sale. Ea nu gândeşte, nu reflectează şi nu analizează.

Legea PROSPERITĂŢII este şi ea o lege a Universului, dar foarte puţine persoane îi cunosc regulamentul.

Vă temeţi să nu rămâneţi fără bani? Dacă da, creaţi o situaţie de lipsă în viaţa voastră şi veţi fi mereu lefteri. Multe persoane se luptă cu obligaţia de a administra un buget prea mic. Cu venituri limitate, ele ştiu să fie cât mai flexibile. Este imposibil să rezolvi o problemă financiară doar prin MUTAREA DE BANI.

Vă explic. Aveţi bani pentru plata facturii de curent, dar plătiţi mai degrabă factura de telefon. Aşadar, factura la curent rămâne neplătită. Trebuie să plătiţi factura X şi nu o faceţi pentru a vă plăti factura la curent. În cele din urmă, aveţi o rezervă pentru factura X. Unul, două, trei conturi suplimentare se adaugă şi începeţi să vă întrebaţi cum să faceţi pentru a achita X cu economii insuficiente. Plătiţi un acont mic pentru X, dar şi pentru celelalte. Situaţia nu este deloc rezolvată, deoarece conturile curente se adaugă celor care rămân încă neplătite. Ajungeţi în aceeaşi situaţie lună de lună, iar chitanţele finale nu sunt niciodată emise. O parte importantă a muritorilor de rând se loveşte de dificultăţi asemănătoare. Victime ale influenţelor publicitare, aceste persoane consumă fără să gândească şi merg spre pieire sigură. Cel mai rău nu e greşeala comisă. Atunci când plăţile ating data scadentă, se instalează panica.

Legea PROSPERITĂŢII este guvernată de două reguli mari importante. Prima este că nu trebuie niciodată **să vă supăraţi** în materie de bani. De exemplu, trebuie să plătiţi un impozit ridicat, să plătiţi o amendă usturătoare, să plătiţi o factură mare, pe scurt să cheltuiţi o sumă importantă care vă costă mult. Într-un astfel de caz, atunci când vă deschideţi corespondenţa şi vedeţi suma facturii, trebuie să reacţionaţi ca şi cum aţi fi primit un cec pe care este înscris aceeaşi sumă. În sufletul vostru trebuie să fiţi mulţumiţi, fericiţi, şi asta chiar dacă această factură vă depăşeşte posibilităţile sau, în opinia voastră, nu este corectă.

Să luăm exemplul unui poliţist care vă dă o amendă pentru o infracţiune pe care aţi comis-o. Ar trebui să fiţi bucuroşi ca şi cum tocmai vi s-a oferit un cadou frumos. Evitaţi să-i adresaţi injurii, rămâneţi calmi şi acceptaţi-vă greşeala amintindu-vă că veţi fructifica aceşti bani.

Vă eliberaţi de un angajament, de o relaţie de cuplu sau de un asociat. Acceptaţi cu bucurie regulamentul impus, în măsura în care el este acceptabil pentru ambele părţi. Dacă suma depăşeşte limitele bunului-simţ, demaraţi discuţii sub flamura Universului şi veţi vedea că veţi ajunge la un compromis acceptabil. Trebuie să rămâneţi încântaţi că plătiţi şi să acceptaţi situaţia cu încântare. Nu trebuie să vă supăraţi pe persoana care impune regulamentul, fie că ea este fostul partener de viaţă sau oricare altă persoană.

Aşadar, **prima regulă** pe care nu trebuie să o uitaţi este următoarea: plătiţi întotdeauna cu bucurie şi nu vă supăraţi niciodată la primirea unei facturi. Legea ATRACŢIEI.

A doua regulă este foarte simplă. De fiecare dată când plătiţi ceva, spuneţi-vă în minte: **„Se va întoarce la mine înzecit".** Adică înmulţit de zece ori. Este important să emiteţi acest gând în momentul plăţii, de exemplu atunci când daţi bani cuiva pentru plata unei cumpărături sau atunci când semnaţi un cec sau plătiţi nişte cumpărături în rate. În acel moment gândirea voastră devine valabilă, şi astfel vă veţi pune în funcţiune această energie. În privinţa transferurilor prin card bancar, momentul crucial este cel în care tastaţi codul pin.

Prin aplicarea acestei legi, nu trebuie să credeţi că, în ora următoare, veţi primi în mod automat înzecirea sumei plătite. Asemenea miilor de persoane, veţi vedea că, prin schimbarea atitudinii faţă de bani şi prin exploatarea legii prosperităţii, situaţia voastră se va schimba. De altfel, Universul nu ne răsplăteşte mereu cu bani, el putând să o facă în mai multe alte moduri. De exemplu, el vă va da ocazia să faceţi cumpărături la preţuri reduse, chilipiruri! Sau veţi beneficia de servicii gratuite, sau veţi fi recompensaţi în mod generos într-un fel sau altul. Oricum, reuşita voastră financiară se va ameliora într-un mod impresionant.

Iată marea simbolistică a legii prosperităţii: NU VEŢI FI NICIODATĂ ÎN LIPSĂ DE BANI. Repetând formularea: „ACEASTA ÎMI VA REVENI ÎNZECIT", veţi provoca circulaţia energiei banilor în jurul vostru. Banii sunt şi ei o energie, ca tot ce este materie. Cu cât va circula mai mult, cu atât mai mult veţi beneficia de avantaje.

Vă împărtăşesc un mic şiretlic. Cum această lege se înţelege de la sine, o uităm. Aşadar, vă propun să vă puneţi în portofel mici semne de aducere aminte, să vă lipiţi pe cartea de credit sau de debit indicaţia „X 10", care înseamnă „înmulţit cu zece". Evitaţi să spuneţi „înmulţit cu zece"; Universul nu cunoaşte cifrele. Este imperativ să spuneţi „ACEASTA ÎMI VA REVENI ÎNZECIT ". Obişnuiţi-vă încă de pe acum să o spuneţi pentru toate tranzacţiile pe care le efectuaţi, chiar şi cele mai mici. Dacă vă propuneţi s-o faceţi doar pentru tranzacţiile importante, veţi uita. Vă veţi aminti prea târziu. Şi nu uitaţi că am spus: „În momentul tranzacţiei".

Trebuie să creaţi, în mintea voastră conştientă, obişnuinţa de a recurge la această formulare pentru ca ea să devină automată la fiecare tranzacţie. Este ca şi cum ai spune „mulţumesc" sau „vă rog": este o expresie spontană.

Legea prosperităţii face şi ea parte din legea returului... ATRACŢIE!

ACEASTA ÎMI VA REVENI ÎNZECIT

Tot în cadrul legilor universale, există una care este foarte subtilă şi pe care o folosim în mod inconştient, de mai multe ori pe zi, fără să ne dăm seama de toată puterea ei şi îndeosebi impactul pe care îl are în viaţa noastră.

Atunci când sunteţi întrebaţi cum vă simţiţi, ce răspundeţi? „Nu foarte rău, dar ar putea fi şi mai bine", „Nu chiar atât de rău" sau pur şi simplu „Bine"? Cu siguranţă aţi remarcat, la stadiul în care vă aflaţi acum, că aceste expresii sunt departe de a fi pozitive în energie, şi aveţi dreptate.

Din acest moment vă propun să răspundeţi mai curând: „EXTRAORDINAR DE BINE!" Spunând în mod regulat acest răspuns, veţi atrage doar lucruri extraordinare. Vă amintiţi că energia revine întotdeauna la emiţătorul ei? Atunci când afirmaţi că nu sunteţi chiar atât de rău, Universul nu înregistrează negaţiile şi vă trimite RĂU. Energiile negative, asemenea celor obiective, sunt cumulative. Aşadar, în mod inconştient, nu atrageţi decât experienţe negative, în timp ce, afirmând că sunteţi **extraordinar de bine**, principiul fiind acelaşi, nu vi se vor întâmpla decât lucruri minunate.

Când veţi trece printr-o perioadă dificilă, este evident că nu veţi avea dispoziţia necesară să spuneţi „**Sunt extraordinar de bine**", şi pe bună dreptate. Atunci, răspundeţi că mâine veţi fi mai bine.

Ştiu ce gândiţi în acest moment. Vă spuneţi că oamenii vor avea o reacţie ciudată sau vor râde de voi. Atenţie la modul în care gândiţi! Dacă gândiţi astfel, cu siguranţă persoanele vor avea acest tip de reacţie. Totuşi, dacă hotărâţi că, răspunzând că sunteţi **extraordinar de bine**, le daţi speranţă şi vor fi fericiţi pentru voi, acest lucru se va petrece în energie pentru voi. Legea ATRACŢIEI.

Atunci când uraţi cuiva să petreacă o zi frumoasă, nu aţi emis nimic în planul energiei, pentru că verbul *a petrece* e un fel de A TRECE PESTE. Obişnuiţi-vă încă de acum să spuneţi: **„TRĂIEŞTE sau TRĂIŢI O ZI EXTRAORDINARĂ".** În A TRĂI există multă energie, şi asta transferaţi celuilalt: energie, vitalitate curaj în clipele dificile, fericire de a împărtăşi cu el, bucurie de a trăi.

Împărtăşirea energiei voastre prin cuvânt este foarte puternică pentru voi, dar şi pentru celălalt. Legea returului este mereu activă şi vă redă extraordinarul pe care îl împărtăşiţi. În acelaşi timp, energia voastră rămâne în continuare la un nivel vibrator maximal prin cuvântul A TRĂI. Legea ATRACŢIEI!

A ÎMPĂRTĂŞI CU CEILALŢI ÎNSEAMNĂ A PRIMI!

Ce putem spune despre **luarea de putere**? Este şi ea o lege universală. A lua puterea asupra altuia înseamnă a fi dominat prin manipulare sau că Universul acţionează în comuniune cu energiile anturajului vostru pentru returul **luării de putere** asupra celuilalt, lucru care nu va fi în mod obligatoriu în avantajul vostru în viaţa de zi cu zi. Va trebui să depăşiţi obstacole pentru a vă atinge obiectivele şi nu înţelegeţi de ce. S-a mai întâmplat aşa în trecutul vostru şi nu înţelegeaţi de ce făceaţi echilibristică sau de ce aveaţi dificultăţi în a rezolva anumite situaţii; în ciuda multor eforturi, bateţi pasul pe loc. Legea ATRACŢIEI!

Totul este posibil în energie, dar nu avem dreptul de a lua puterea asupra altuia. Partenerul de viaţă are o dependenţă, nu aveţi dreptul să folosiţi Universul pentru a-l elibera de ea. O persoană pe care o îndrăgiţi este leneşă şi se vaită încontinuu, nu aveţi dreptul de a interveni pentru ca ea să-şi găsească de lucru, dar aţi putea, adresându-vă Universului, să emiteţi o formulare prin care să enunţaţi că ea este foarte motivată şi că se va ocupa de ea. O persoană este bolnavă? Nu vă puteţi pune în acţiune gândurile pentru ca ea să se vindece, pentru că ar fi o luare de putere, dar aţi putea afirma Universului că ea se află pe calea vindecării.

Totuşi, pentru copiii mai mici de optsprezece ani, AVEŢI ACEST DREPT. De ce? Pentru că este rolul vostru de părinte şi de educator. Avem dreptul să utilizăm Universul pentru a ne face copiii să acţioneze.

- **Univers infinit, Mihai studiază cu seriozitate imediat după întoarcerea de la şcoală.**

- **Univers infinit, Suzana face curat în camera ei astăzi.**

- **Univers infinit, Petre şi Matilda se înţeleg de minune acum.**

- **Univers infinit, Martina mă ajută să spăl vasele diseară.**

- **Univers infinit, Daniel se va culca acum.**

- **Univers infinit, copiii se liniştesc imediat.**

- **Univers infinit, Elodia se întoarce acasă imediat.**

- **Univers infinit, Alex petrece o seară minunată în perfectă siguranţă.**

- **Univers infinit, Eva este atentă şi înţelege cu uşurinţă lecţia de matematică astăzi.**

- **Univers infinit, Tommy este foarte performant la baschet imediat şi coechipierii lui fac un joc de pase impresionant.**

Înainte de a prelua puterea asupra celuilalt, reflectaţi bine. Deşi Universul nu gândeşte, nu reflectează şi nu analizează, el este în primul rând o energie şi funcţionează cu vibraţiile emise de gânditor/reclamant. Dacă emiteţi gânduri spre Univers în scopul luării puterii asupra celuilalt, acesta din urmă va primi vibraţiile voastre de putere. Chiar dacă intenţia voastră este nobilă, trebuie să evitaţi orice luare de putere asupra celuilalt.

Universul este o energie care funcţionează cu gândurile şi cuvintele emise. Aşadar, VIBRAŢIILE vor intra în activitate, pentru că aceasta este legea ATRACŢIEI.

CHEILE SECRETULUI

PARTEA A-II-A

Capitolul 7

Energia negativă

NEGATIVUL SUB TOATE FORMELE
ESTE UN ELIXIR DE DISTRUGERE.

Mii de persoane se autodistrug în mod inconştient, complăcându-se în necazul lor. Totul este o dramă. Ele nu îndrăznesc să creadă că, într-o bună zi, o licărire de speranţă, un suflu nou de viaţă le vor alina durerea interioară. Acestea se hrănesc în mod constant cu roadele putrezite ale gândurilor lor.

Este pur masochism. Din momentul trezirii lor până târziu în noapte, refuză orice tip de calmant şi sunt măcinate de gânduri negre.

Lucrul cel mai trist în această situaţie este că sunt foarte nefericite şi nu reuşesc să reia controlul asupra vieţii lor.

Toate vibraţiile, exterioare şi interioare, sunt legate între ele. Tot ce se trăieşte în interior se reflectă la exterior. Tot ce se întâmplă la exterior influenţează în interior. Aceasta este Legea ATRACŢIEI.

Recitiţi, recitiţi şi iar recitiţi. Va trebui să impuneţi aceste cuvinte minţii voastre conştiente.

GÂNDURILE NOASTRE SUNT VIBRAŢII.

Toate vibraţiile interioare sunt create de gânduri. Ce forme de gânduri aveţi? De angoasă, de teamă, de nelinişte, de resentiment...?

Fiecare gând întreţinut creează propria sa energie, propria sa vibraţie. Încă din momentul trezirii, procesul este pus în funcţiune pentru fiecare dintre gândurile noastre. ENERGIE - VIBRAŢIE - ATRACŢIE - ENERGIE - VIBRAŢIE - ATRACŢIE.

Deveniţi conştienţi de forţa unui gând. VOI GÂNDIŢI. Gândul vostru devine VIBRAŢIE, VIBRAŢIA voastră se exteriorizează şi vă influenţează personalitatea.

VIBRAŢIA revine la voi după ce a făcut ocolul Pământului cu influenţa sa vibratoare şi pune în mod automat în acţiune legea ATRACŢIEI.

Acest circuit este identic pentru cele 38 800 de gânduri pe care fiecare dintre noi le întreţine în medie zilnic. Dacă înmulţim cu numărul de locuitori ai Pământului, ne putem imagina cât de mult Pământul este energie!

Antrenând mecanismul gândirii, începând treptat, veţi ajunge să ELIMINAŢI gândurile negative care sălăşluiesc în mintea voastră. Pentru fiecare dintre ele veţi reîncepe bătălia.

Am văzut mii de persoane ocupându-se de sine, schimbându-şi viaţa aproape instantaneu. Ele şi-au început antrenamentul cu HOTĂRÂRE şi CURAJ. S-au străduit cu îndârjire să întreţină doar gânduri de iubire, de veselie, de bunăvoinţă etc.

Aşa cum ne întreţinem maşina cu mare atenţie, mecanismul nostru de gândire CERE tot atâta, dacă nu chiar mai multă atenţie. Captând încontinuu vibraţiile exterioare, el necesită un control serios al angrenajelor minţii noastre.

Este posibil să avem un control perfect al minţii noastre conştiente? Ca să fiu sincer, da! Acest control este posibil. Sunteţi surprinşi? Am văzut deja la mulţi oameni acest control. Şi vom vedea din ce în ce mai mulţi oameni posedând acest control, deoarece împlinirea personală stârneşte din ce în ce mai mult interes. În timpul evoluţiei lor, persoanele care se dedică împlinirii personale găsesc IZVORUL cunoaşterilor care le pot face să progreseze.

Mai multe persoane frecventează o sală de gimnastică pentru a lucra la condiţia fizică. Ar trebui create săli de gimnastica gândirii, deoarece gândirea este ca un muşchi. Ea devine din ce în ce mai puternică odată cu trecerea timpului şi prin antrenament.

În curând, cu un minimum de antrenament, vă veţi număra şi voi printre cei care îşi controlează în mod eficace gândurile.

UN GÂND DE IUBIRE

Aflaţi că pruncul vostru, partenerul de viaţă sau o persoană la care ţineţi mult este foarte bolnavă. Cum reacţionaţi? Suferiţi, sunteţi trişti, în virtutea iubirii pe care o simţiţi pentru ea. Sunteţi gata să faceţi orice pentru a-i face plăcere, pentru a-i alina durerea, nu-i aşa? În cele din urmă, bucuria revine când starea ei de sănătate se restabileşte.

Mintea voastră conştientă se află probabil într-o stare lamentabilă în momentul de faţă, poate că este bolnavă pentru că o hrăniţi în mod constant cu gânduri distructive. Oare mintea voastră conştientă nu merită să o iubiţi? Iubindu-vă mintea conştientă, începeţi să vă iubiţi. SUNTEŢI CEA MAI IMPORTANTĂ PERSOANĂ. IUBIŢI-VĂ!

Din iubire aţi trăit diferite situaţii, unele foarte fericite, altele mai puţin încântătoare. Din iubire aţi acceptat consecinţele hotărârii voastre. Indiferent de evoluţia voastră, din iubire, preţul sacrificiului s-a ivit deseori în viaţa voastră.

Fiind cea mai importantă persoană, şi cu respectul pe care vi-l datoraţi, analizarea lui „CINE SUNT?" este foarte importantă. Trebuie să mă pun în valoare şi să mă identific cu adevărata mea IDENTITATE. Să recunosc calităţile şi aptitudinile care fac din mine o FIINŢĂ UNICĂ şi EXCEPŢIONALĂ. Aceasta trebuie să fie ţinta care să vă însufleţească.

Doar nu o să credeţi că sunteţi prea în vârstă sau că nu veţi avea curajul să duceţi această bătălie. Au făcut-o şi alţii înaintea voastră. Fiţi încrezători. Cea mai tânără elevă a mea avea optsprezece ani, iar cea mai în vârstă, optzeci. Un număr impresionant de persoane de peste şaptezeci de ani au hotărât într-o bună zi să se SCHIMBE. De ce nu şi VOI?

Experienţele, le trăiţi. Cumulaţi succesele şi eşecurile pentru a putea progresa, a vă împlini. Antrenându-vă mintea conştientă evoluaţi în ÎNŢELEPCIUNE. O seninătate permanentă se instalează, iar VIBRAŢIILE voastre de fericire devin transparenţa inimii şi atrag situaţii care vă fac fericiţi. Tot legea ATRACŢIEI care lucrează.

Nu aşteptaţi să ajungeţi la capătul vieţii pentru a vă hotărî. În fiecare zi vă veţi transforma mecanismul gândirii din iubire pentru voi, iar înţelepciunea va fi prietena gândurilor voastre.

Apreciaţi calităţile, recunoaşteţi FIINŢA EXTRAORDINARĂ CARE SUNTEŢI.

FORŢELE NEGATIVE

Pentru a vă vorbi despre forţele negative, vi-l prezint mai întâi pe cel mai mare duşman al vostru: VOI ÎNŞIVĂ. Există un „voi pozitiv", dar există şi un „voi negativ". Ambele fac parte din persoana voastră. Uneori, în funcţie de evenimente, de personalitatea, de caracterul, de slăbiciunile şi de experienţele voastre trecute, „voi negativ" îl domină pe „voi pozitiv". Maturitatea voastră joacă şi ea un rol în lupta continuă.

Această luptă constantă are loc la nivelul gândurilor şi cuvintelor negative. Acestea sunt cei mai activi adversari în evoluţia voastră. Pentru a vă ajuta să duceţi o bătălie nemiloasă, o să identificăm SABOTORUL vieţii voastre. Cel mai nefast SABOTOR al vostru este eul vostru negativ.

Vă propun să-i daţi, de preferinţă, un nume simbolic scurt, cum ar fi Max, Alex sau pur şi simplu B de la boxer. Evitaţi să alegeţi un nume care vă aminteşte de un duşman sau de un/o *fostă* care v-a făcut rău sau v-a cauzat probleme, sau chiar o veche iubire la care încă mai ţineţi. Alegeţi de la început un pseudonim simbolic neutru. Pe al meu l-am botezat Oscar.

Vă voi explica mai departe cum mă apăr împotriva lui Oscar. Dar, înainte de toate, permiteţi-mi să vă învăţ să-l cunoaşteţi, arătându-vă ce vă face să trăiţi. El vă hrăneşte foarte des cu **gânduri negative**, iar voi cădeţi în capcana lui. Este adevărat că gândurile negative sunt foarte simplu de administrat. Dar trebuie să puteţi recunoaşte aceste gânduri negative pentru a vă putea apăra de ele. Aşadar, vă prezint o panoplie de astfel de gânduri însoţită de explicaţii. Aceste exemple vă vor ajuta să vă identificaţi mai bine SABOTORUL.

Gândurile negative pe care ni le aduce sabotorul, care sunt şi emiţătoare de energie, provoacă scăderea nivelului vibrator al legii atracţiei. Această lege, aflată într-o fluctuaţie constantă, se schimbă pe măsură ce noi ne schimbăm gândurile. Cu cât administrăm mai mult negativ, cu atât mai mult atragem persoane şi situaţii negative.

Varietatea gândurilor noastre este impresionantă. Alegerea vocabularului este şi ea la fel. Aşadar, pentru a avea un nivel vibrator cât mai ridicat, el trebuie bine ADMINISTRAT. Este SINGURUL mod de a ne creşte nivelul vibrator şi de a primi binefacerile legii ATRACŢIEI.

Nimic nu se va schimba faţă de **ieri** dacă gestionaţi în continuare gânduri negative. Făcând încă de acum efortul de a întreţine gânduri constructive, viaţa voastră se va transforma. Vă veţi transforma vibraţiile, iar legea ATRACŢIEI se va modifica în mod automat în avantajul vostru.

Seria de gânduri negative pe care v-o prezint este în ordine alfabetică.

ANGOASĂ

Angoasele sunt reminiscenţe ale unor evenimente trecute.

O veste proastă declanşează angoasa. Imprevizibilă, angoasa atacă pe ascuns mintea şi provoacă simptome fizice. Ea dă noduri în gât, ne împiedică să respirăm normal, provoacă crampe la stomac. Dacă nu sunteţi pregătiţi să vă apăraţi împotriva suferinţelor gândurilor voastre, veţi fi victima neplăcerilor fizice. Ştiu, trebuie să ai o bună condiţie mentală pentru a recunoaşte, încă de la început, un atac de angoasă. Ca orice criză depistată în faza iniţială, ea va fi repede controlată. Neglijarea stării minţii va întârzia eliberarea de durere. A ÎNTREŢINE sau A SUPRIMA. Întreţinând o criză de angoasă, veţi avea un efect de antrenament. Astfel, frecvenţa acestor crize va creşte repede. SUPRIMAŢI virusul încă de la început: crizele având o intensitate scăzută, ele vor fi rapid eliminate.

Un bărbat mi-a mărturisit că viaţa lui era un infern. Avea succes în afaceri, dar în celelalte planuri era un dezastru. Angoasele îl rodeau atât de tare, încât se gândea destul de des la sinucidere.

L-am învăţat cum să-şi gestioneze gândurile, să se iubească. A acceptat condiţia *in extremis* care consta în antrenarea minţii sale conştiente şi ascultarea propriilor gânduri. Cu discernământ şi perseverenţă, a câştigat.

Cauzele exterioare se reflectă în interior şi sunt conduse de gândire. Efectele secundare sunt mai mult decât nişte dureri fizice. Ele provoacă şi alte forme de gânduri negative.

ANXIETATE

În imaginaţie, ne lăsăm mintea să se chinuie cu FRĂMÂNTĂRILE noastre. Am pierdut controlul propriilor gânduri. Mecanismul nostru conştient este dereglat, pornind în lumea negativismului. Nefericiţi şi speriaţi, uităm consecinţele gândurilor şi ne încrâncenăm asupra noastră.

Astfel, simptomele anxietăţii diferă de cele ale angoasei. Ritmul cardiac este accelerat, transpiraţia devine mai abundentă, palmele sunt jilave.

Anxietatea este mortală. Puţine persoane înţeleg că neliniştea OMOARĂ. Este ciudat că, după secole de experienţă şi de dezvoltare, specia umană nu a învăţat să refuze din punct de vedere energetic să se lase torturată de inamicii fericirii ei. Încă ne mai lăsăm chinuiţi, din leagănul copilăriei până la mormânt, de aceşti duşmani pe care i-am putea distruge cu uşurinţă prin schimbarea orientării gândurilor. Este trist să constatăm toate stricăciunile pe care un singur gând le poate face. REACŢIONAŢI! ORGANIZAŢI-VĂ GÂNDURILE!

Anxietatea activează adrenalina sistemului nostru, provocând astfel excese de nervozitate şi, implicit, INSOMNIE.

Dacă suferiţi de insomnie, mai bună ca orice tranchilizant este afirmaţia propusă mai devreme: REACŢIONAŢI! ORGANIZAŢI-VĂ GÂNDURILE!

În mai multe oraşe ale lumii am împărtăşit formularea de gestionare a anxietăţii. Tot în aceste oraşe am întâlnit oameni care sufereau de insomnie şi, ca prin minune, nevoia de sedative a dispărut. Astăzi, mulţi doctori o recomandă pacienţilor în loc să le prescrie calmante.

Printre alţii, îmi amintesc o doamnă care lua somnifere de aproximativ douăzeci de ani. I-am încredinţat formula şi, încă din prima seară când a utilizat-o, a eliminat somniferele. Pe lângă faptul că şi-a regăsit somnul natural, a început să aprecieze din nou viaţa. De atunci, imediat după ce se trezeşte, se grăbeşte să-şi înceapă ziua şi să profite la maximum de fiecare clipă.

Este uşor de înţeles. Organismul ei s-a eliberat de efectele unei medicaţii care sufocă sistemul nervos şi creierul. Ea a devenit liberă, descătuşată de dependenţa de medicamente. A început din nou să APRECIEZE VIAŢA, regăsindu-şi ÎNCREDEREA ÎN SINE. Peste câţiva ani, această doamnă mi-a mărturisit că, desigur, în unele seri, somnul întârzia să vină. Totuşi, cunoscând din propria experienţă efectele secundare ale oricărei medicaţii, a rezistat tentaţiei de a apela la calmante.

Pentru mii de persoane dependente de pastile, viaţa s-a schimbat ca prin miracol. Îngrijindu-se de calitatea nopţilor lor de somn natural, ele îşi trăiesc ziua în starea conştientă a gândurilor constructive, schimbându-şi astfel toate vibraţiile, pentru a fi în legătură optimă cu legea ATRACŢIEI. O adevărată fericire!

BÂRFĂ

Un adevăr pe care trebuie să-l păstrăm, pe care nu trebuie să-l repetăm. O experienţă trăită de voi, pe care trebuie să o păstraţi pentru voi.

Cancanurile sunt fructul oprit al raţionamentului. Prin discuţiile voastre riscaţi să înrăutăţiţi o situaţie şi, de foarte multe ori, ea va lua proporţii dramatice în funcţie de fapte. ATENŢIE! Este foarte uşor să spui bârfe, ele dau o culoare conversaţiei în detrimentul celorlalţi. Dar sunt convins că aveţi alte subiecte interesante pentru discuţii, fără să distrugeţi reputaţia aproapelui vostru.

Nu uitaţi că, atunci când vorbiţi pe cineva de rău, energia voastră îi incită pe ceilalţi să vorbească despre voi. În plus, nivelul vostru vibrator este influenţat de gândurile pe care le emiteţi, dar şi de cele referitoare la voi, emise de ceilalţi. Vă amintiţi de legea returului? Să nu fiţi surprinşi dacă auziţi bârfe despre voi.

O bârfă este mereu negativă. Cuvintele pozitive sunt întotdeauna plăcute de împărtăşit şi de auzit. Legea returului este valabilă în ambele sensuri: negativ sau optim.

CALOMNIE

Comportament care afectează reputaţia şi onoarea. Este foarte uşor să inventezi în întregime un scenariu construit pe o judecată denaturată de emoţii, ştiind foarte bine că atacaţi reputaţia unei persoane pentru a o „distruge". Răutate!

Aveţi dreptul la o opinie. O calomnie nu este o opinie, este o invenţie. Imaginaţia voastră bogată poate răni prin duritatea ei.

Consideraţi corect şi sincer acest demers? Referindu-se la celelalte gânduri nesănătoase şi la înţelegerea legii atracţiei, nu vă temeţi că, într-o bună zi, veţi fi victima unor calomnii?

Cum v-aţi apăra de ele?

Cineva a spus că TĂCEREA E DE AUR, şi avea dreptate. Aşa că tăceţi!

COMPETIŢIE

Această energie trăită în studii, în sporturi, afaceri sau alte sfere ale vieţii private devine vibraţie negativă atunci când subiectul în competiţie este motivat de sentimente rele.

Să ne imaginăm un cuplu în care veniturile femeii sunt cu mult superioare celor ale soţului ei.

Această situaţie provoacă foarte des discuţii nefericite între ei, conflicte iscate de nevoia de dominare la bărbat, o atitudine de dispreţ faţă de succesul soţiei sale. Desigur că niciun cuplu nu ar rezista mult timp adevăratelor furtuni provocate de o cantitate mare de vibraţii negative.

În plus, în funcţie de frecvenţa şi intensitatea furtunilor, nivelul vibrator este întotdeauna la cea mai mică valoare, punând relaţia în pericol. Competiţia între parteneri este perfidă. Trebuie să fiţi foarte atenţi, pentru că, în timp, ea anulează toate sentimentele de iubire, conducând deseori la despărţire.

Competiţia alimentată de dorinţa de depăşire este o COMPETIŢIE SĂNĂTOASĂ. Competiţia motivată de gelozie sau de orgoliu devine nefastă. Aşadar, fiţi foarte atenţi la ceea ce vă motivează. ORGANIZAŢI-VĂ GÂNDURILE!

CRITICĂ

Critica obiectivă stimulează energiile şi ne dinamizează mersul spre succes. În acelaşi timp, critica negativă scade nivelul vibrator şi prejudiciază mult evoluţia emiţătorului. Există persoane care critică absolut tot. Ele acuză tot timpul, nefiind niciodată mulţumite de situaţie şi găsind mereu ceva de comentat. Veşnic nemulţumite, ele bombăne în mod constant. Astfel, din păcate, îşi păstrează nivelul vibrator la un nivel foarte scăzut.

Critica este legată de JUDECATĂ. Atenţie la modul în care îi judecaţi pe ceilalţi. Oare cu o privire plină de înţelepciune pentru ameliorarea unei situaţii? La serviciu, de exemplu, doar în scopul de a prejudicia persoana, de a-i lua locul sau de a provoca astfel concedierea ei?

Dacă aveţi o judecată nesănătoasă, dură şi distructivă, veţi fi judecaţi în acelaşi mod. Nimeni nu este scutit de legea ATRACŢIEI.

Prin asumarea unui post ce implică responsabilitate, este de datoria voastră să judecaţi calitatea randamentului propriului personal. Nivelul vostru vibrator nu va fi modificat. Critica emisă pentru îmbunătăţirea unei situaţii relaţionale, profesionale sau de alt gen rămâne şi ea în vibraţiile optimale. Totuşi, într-un context de prejudiciu, ea va atrage returul vibraţiilor negative.

CRUZIME

În general, se crede despre cruzime că este, în sensul larg al cuvântului, apanajul războaielor. Numai că e prezentă mult mai mult decât ne-am putea imagina în viaţa fiecărei persoane în calitate de partener de viaţă, de părinte, de copil. Şi ce să mai spunem despre cea manifestată de unii copii faţă de părinţi lor în vârstă? Oare cum este posibil?

Din păcate, cruzimea există şi face mereu una sau mai multe victime. Cineva care suferă, cineva slab sau fără apărare, care se lasă deseori manipulat pentru a obţine pacea. Cruzimea mentală este un lucru perfid.

Poate să treacă mult timp înainte de a înţelege că suntem cruzi. Atâta timp cât victima nu-şi manifestă suferinţa, o putem răni atât de mult, încât ajungem să distrugem relaţia. Sau poate fi nevoie de mult timp ca să ne dăm seama că trăim sub tratamentele dure ale cruzimii. Devenim conştienţi doar în momentul în care pur şi simplu nu mai putem. Cu sentimentele astfel distruse, inima vătămată încearcă să-şi regăsească pacea.

Răutatea este foarte apropiată de cruzime. Depistăm foarte repede pe cineva rău, pentru că el este aşa în toată fiinţa, fie în cuvinte, în acţiuni, în judecăţi, pe scurt, în absolut tot. El are întotdeauna idei strâmbe, negative, nu vede decât partea rea a cuiva, niciodată pe cea bună. Zgârcit în complimente, el le va înlocui cu cuvinte umilitoare. Îi dispreţuieşte deseori pe ceilalţi.

Cred că avem o tendinţă rea naturală. Această înclinaţie nu se datorează în exclusivitate educaţiei, deşi provine în parte din mediul familial şi din educaţia primită, desigur. Dar sunt mulţi oameni răi care s-au format singuri. Vorbind despre răutate, nu mă refer la banditism, ci la omul obişnuit care, în atitudinile lui, se dedă la comportamente josnice. Aceşti oameni îşi prejudiciază în mod inconştient nivelul vibrator. Aceasta este legea ATRACŢIEI.

CULPABILITATE

În general, femeia este mult mai afectată de culpabilitate decât bărbatul. Ea îşi asumă cu uşurinţă tot ce se întâmplă în celula familială, totul e din vina ei. Deseori, prin educaţie, bărbatul îşi lasă soţia să accepte responsabilitatea, impunându-i în acelaşi timp regulile sale. Ea nu are de ales decât să se supună.

Dar vremurile s-au schimbat. Femeia este mai puţin docilă decât altădată. Multe femei îşi asumă responsabilitatea carierei lor, lăsând în seama partenerului de viaţă o parte din educaţia copiilor, care este astăzi o responsabilitate de cuplu.

Culpabilitatea nu este soarta exclusivă a femeilor; ea este parte integrantă a personalităţii. Oare sunteţi obligaţi să fiţi ţapul ispăşitor al tuturor celor care vă înconjoară? Acasă, dar şi la serviciu, de ce acceptaţi totul fără să spuneţi niciodată nimic? Pentru că sunteţi IUBITĂ? Pentru că vă este teamă, pentru A EVITA să pierdeţi, pentru ATENUAREA unei situaţii... Puţin contează motivul, sunteţi de părere că asta este soluţia, dar nu aveţi dreptate. Şi mai rău, vă diminuaţi nivelul vibrator.

Fie din educaţie, din obligaţie sau din spirit de sacrificiu, vă lăsaţi aţâţaţi de excese de tot soiul: exces social, exces marital etc. Suportaţi şocuri psihologice devalorizante, iar nivelul vostru vibrator are de suferit.

Pentru a înţelege bine sensul culpabilităţii şi până la ce punct trăiţi această condiţionare mortală, EVALUAŢI-L. Luaţi o foaie de hârtie şi faceţi o listă cu tot ce vă asumaţi ca sarcină psihologică, fie ea prezentă sau trecută, care vă obsedează memoria şi vă face să suferiţi.

Fără să judecaţi şi nici să scuzaţi, atribuiţi responsabilitatea propriilor acte. Dacă situaţia rezultă dintr-o eroare umană, IERTAŢI. Dacă ea se datorează unei influenţe a vieţii sau a destinului, aşa cum cred unii, ACCEPTAŢI-O. Dacă aţi alergat după ea din slăbiciune sau din ignoranţă, RECUNOAŞTEŢI-O. Toate acestea vă ajută să vă menţineţi nivelul vibrator cât mai ridicat.

EGOISM

Eu aşez egoismul în rândul elementelor negative, pentru că el scade nivelul vibrator şi dăunează evoluţiei sale. Persoana egoistă simte o apropiere excesivă faţă de ea însăşi. Egoistă în gândurile sale, egoistă în orice: iubire, atitudine, stare de spirit...

Este foarte greu să frecventezi persoane egoiste pentru că acest tip de comportament se opune unui principiu vital: iubirea, sacrificiul. Îi observăm foarte uşor în societate, pentru că egoiştii au foarte puţini prieteni în general. Doar câteva cunoştinţe şi câteva relaţii superficiale le umplu viaţa. Contactele cu ceilalţi sunt limitate din cauza lor. În gândire, sunt închişi în mica lor lume. Cum aţi dori să fie de o generozitate extraordinară? Dacă s-ar întâmpla aşa, ar însemna să schimbe un gest pe un altul.

Egoiştii nu recunosc gratuitatea. Ei calculează tot. Îmi permit o notă de umor adăugând că îşi organizează foarte bine gândurile! Întrucât, pentru ei, a organiza înseamnă, înainte de toate, a calcula. Sunt nişte persoane profitoare. Prin toate mijloacele ei vor reuşi să vă manipuleze pentru a-şi apăra propriile interese în detrimentul intereselor voastre.

EXAMINARE ÎN AMĂNUNT

Nu doar femeile examinează în amănunt, ci şi bărbaţii. Un gând sau o grijă blochează fericirea cotidiană şi scade nivelul vibrator. Nişte gânduri triste vă fac viaţa melancolică. Viaţa se opreşte pentru o anumită perioadă pentru a stagna în avantajul negativului. În general, meditaţi atâta timp cât soluţia nu se arată.

În opinia mea, a examina sub toate unghiurile un proiect înseamnă a analiza în profunzime drumul ce trebuie parcurs spre reuşită; reflectaţi cu înţelepciune la toate faţetele visului pentru a evita cea mai mică eroare; a conştientiza în mod logic propriile ambiţii şi a evalua riscurile.

A-ţi examina în amănunt grijile înseamnă şi a analiza, a reflecta, a evalua situaţia pentru a o remedia rapid. A examina o suferinţă este mult mai dramatic, pentru că suferinţa este un sentiment care vă face să suferiţi în interiorul profund, care vă face inima să sângereze. Iar atâta timp cât situaţia rămâne neclară, o îndoială planează asupra sentimentelor sau actelor persoanei care este cauza ei şi duce la scăderea nivelului vibrator al emiţătorului.

O examinare sub toate unghiurile poate fi o atitudine obiectivă în descoperirea unei soluţii câştigătoare. Ea poate fi însă distructivă atunci când cauza este dramatică; generând insomnie, anxietate şi multe alte elemente distructive.

FRĂMÂNTARE

Cineva a spus: „Frământarea ucide". Şi a avut dreptate. Numărul mare al frământărilor care sălăşluiesc în mintea noastră este oglinda angoaselor, stărilor de anxietate, temerilor noastre etc. Pentru noi, viaţa noastră nu este făcută doar din sacrificii mari sau dintr-o serie de crize tumultuoase, ci mai curând dintr-un şir nesfârşit de „lucruri mărunte".

Sunt oameni capabili să supravieţuiască unor încercări grele ale vieţii..., să înfrunte vijelii puternice pentru că au învăţat să-şi controleze mecanismul gândirii. În schimb, sunt şi oameni care, în faţa unui simplu început de furtună, se frământă şi îşi construiesc un întreg film al propriilor nenorociri. În mod inconştient, ei îşi ard energiile constructive prin gânduri negative şi trăiesc din plin drama frământărilor lor, provocând astfel scăderea nivelului vibrator.

Nu mai fiţi una dintre aceste victime; există soluţii. Vă dau cinci moduri de a vă apăra de frământări şi, mai ales, de a le elimina din viaţa voastră de zi cu zi. Frământările vă întunecă existenţa şi vă împiedică să vă trăiţi fericirea de pe o zi pe alta cu calm şi seninătate.

- Înfruntaţi problemele.
- Puneţi cap la cap faptele.
- Acceptaţi sfaturile.
- Căutaţi o soluţie.
- Puneţi în practică această soluţie.

În faţa situaţiilor cu elemente de nelinişte, totul este ucenicie. A rămâne optimist, a crede şi a face tot ce vă stă în putere pentru a transforma prezentul într-un viitor mai bun prin propriile gânduri înseamnă aducerea energiei necesare transformării viitorului nostru.

Acesta este unicul mod de a acţiona. A vă plictisi în gânduri negative înseamnă a pregăti un viitor asemănător, în consecinţă, trist şi plictisitor. Dar, cu gânduri bine organizate, rezultatele vor fi diferite: un viitor pasionant şi o calitate a vieţii conformă cu cea pe care am ales-o. De ce să vă încăpăţânaţi să administraţi mereu doar gânduri negative şi să vedeţi viaţa în negru, în timp ce prin gândire avem cu toţii în noi mijloacele propriei realizări?

Astăzi este singura zi pe care o puteţi trăi. Nu o transformaţi în INFERN fizic şi mental pentru nişte frământări privind viitorul sau făcându-vă sânge rău în privinţa greşelii comise ieri.

NU MAI TRĂIŢI TIMORAŢI DE VIITOR, NU E DELOC UN LUCRU BUN

FRICĂ

Cu frica, încetaţi să mai trăiţi. Funcţionaţi într-un ritm lent care vă neutralizează încrederea în voi. Pierdeţi autonomia personalităţii. Dominaţi de frică, mintea este deschisă vibraţiilor nefaste ale unei stări exterioare de panică.

Frica este o conştientizare ameninţătoare în faţa unei situaţii zbuciumate. Ea este imposibil de controlat, pentru că aplicăm fricii imaginare senzaţia fizică a evenimentului anticipat. Extrapolăm zilnic sau ocazional un eveniment care declanşează această senzaţie fizică neplăcută. De exemplu, atunci când trebuie să luaţi un avion, să utilizaţi un ascensor, să traversaţi un pod, prin imaginaţie vă alimentaţi mintea, plăsmuind CEL MAI RĂU scenariu: prăbuşirea avionului, ruperea ascensorului, blocarea în întuneric, prăbuşirea podului.

Prin imaginaţie proiectăm CE E MAI RĂU. Cine este vinovat de acest film imaginar? Voi, pentru că aţi pierdut controlul gândurilor voastre şi pentru că SABOTORUL l-a recuperat repede pentru a se ocupa de el cu mare plăcere.

Mai există şi frica alimentată de teamă. Această frică, în opinia mea, este foarte dăunătoare pentru că ea duce la naşterea în gândire a posibilităţii unei nenorociri viitoare. Frica de a fi bolnav, frica de a-şi pierde serviciul, frica de a avea un accident. Probabil că acum conştientizaţi că voi aţi creat, la început în gând, anumite evenimente pe care le-aţi trăit.

Sentimentul de frică dă naştere unei senzaţii fizice cu vibraţii atât de puternice, încât, foarte des, ele provoacă în mod automat rezultatul mult temut, iar voi sunteţi cauza sa inconştientă, pentru că aţi pierdut controlul gândurilor.

Dacă vă număraţi printre persoanele care suferă de acest tip de fobii, învăţaţi să vă controlaţi analizând în mod logic subiectul fricii voastre. Avionul este cel mai sigur mijloc de transport. Ascensoarele sunt inspectate periodic, conform unei legislaţii guvernamentale. Rare sunt podurile care se prăbuşesc. Nu vă mai lăsaţi dominaţi de partea negativă a unei situaţii. Dimpotrivă, reflectaţi, analizaţi şi astfel veţi câştiga partida împotriva SABOTORULUI vostru.

Mai există obsesia, adică faptul de a fi obsedat de un gând, de exemplu frica de a muri, de a fi bolnav, de a trăi singur. Aş spune că aceste frici sunt gânduri aproape continue care ne bântuie mintea şi ne paralizează evoluţia.

Fricile nu sunt create mereu în imaginaţie. Ele mai pot fi provocate prin cuvinte de cineva. Înregistrat în mintea conştientă, gândul porneşte într-o cursă nebună pentru anunţarea procesului.

Mai amintim frica fizică, bazată pe aceeaşi logică. Frica imposibil de controlat de un animal este un exemplu perfect. Cineva căruia îi este frică de câini atrage spre el aceste animale, şi cu cât frica lui e mai mare, cu atât ei se vor apropia mai mult. Frica pe care o simţiţi când vedeţi un câine declanşează **în mod automat** în voi o vibraţie pe care animalul o percepe. El reacţionează sub efectul vibrator al persoanei voastre. Latră, mârâie, îşi arată colţii şi poate chiar sări la voi. El vă avertizează de frica voastră, iar ea creşte, la fel ca vibraţiile care o însoţesc. Astfel, animalul îşi continuă reacţia, mergând până la a vă ataca.

Dacă nu l-aţi fi văzut, nu ar fi existat nicio vibraţie. Câinele nu ar fi fost atras. Această frică a fost creată în gând, nu-i aşa? Conştientizaţi că toate vibraţiile gândurilor voastre au aceleaşi efecte în jurul vostru.

Unele persoane se tem de ţânţari sau de şoareci. Ele reacţionează prin frică sau dezgust în faţa unui animal mic care li se pare înfiorător. Nu le este cu adevărat frică, ci, mai curând, sunt dezgustaţi de prezenţa lor neaşteptată. Îngrozite de efectul-surpriză, ele resimt o agitaţie neplăcută. Mulţi cred că este vorba despre frică. În realitate, prezenţa nedorită provoacă un sentiment de tulburare.

Cu siguranţă, aţi dedus că frica se controlează prin gândire, ca şi celelalte. Dacă vă număraţi printre cei pe care frica îi împiedică că evolueze, înarmaţi-vă cu bunăvoinţă şi schimbaţi-vă modul de a gândi, analizându-vă temerile. Nu vă lăsaţi invadaţi de elementul distructiv al fricii, care provoacă multe alte efecte.

GELOZIE

Persoanele care au acest sentiment îşi limitează generozitatea faţă de semeni. Ele îşi îndreaptă încontinuu gândurile spre realizările semenilor, uitând de propriile obiective pentru a le idealiza pe ale altora.

Gelozia este un reflex raţional. Analizarea unei situaţii pentru a vă putea poziţiona este departe de a fi gelozie sau o judecată lipsită de probe. Din contră, poate fi un instrument de motivare în scopul îmbunătăţirii anumitor factori ai personalităţii şi ai creşterii nivelului vostru vibrator.

Geloşii patologici îşi distrug anturajul. Nefericiţi, ei întreţin judecăţi ambiţioase. Foarte des, remarcile lor privind o anume persoană sau un anume punct sunt sinonime cu răutatea. Persoanele geloase sunt uşor de recunoscut. Vibraţiile lor sunt negative, reacţiile, autoritare, iar buzele, încordate. Tonul conversaţiei este dictatorial.

Gelozia îi obsedează, le macină starea de spirit. Criticând permanent, zi de zi, aceste persoane creează impresia că sunt superioare şi mai bune decât celelalte. Persoanele geloase trăiesc în universul lor. Astfel se distrug, se închid în ele, iar judecăţile lor sunt limitate la critici nesănătoase şi bolnăvicioase.

Dacă vă aflaţi printre cei cărora gelozia le obsedează mintea şi le tulbură personalitatea, atacaţi acest sentiment, acum, cu maximă seriozitate. Până astăzi, probabil că nu eraţi conştient de faptul că el era cauza eşecului vostru. Timpul pe care îl acordaţi observării altora vă încetineşte evoluţia prin vibraţii de un nivel foarte jos. Nu mai judecaţi negativ şi recunoaşteţi marile calităţi ale semenilor voştri. Recunoaşteţi cu sinceritate fericirea lor, şansa lor, talentul lor. Nu mai fiţi CRITIC. Fiţi JUDECĂTOR. Un judecător onest şi corect.

Veţi simţi un sentiment mare de mândrie în timpul primelor lupte şi, îndeosebi, un sentiment de eliberare. Continuaţi în această direcţie şi veţi simţi admiraţie pentru persoana extraordinară care sunteţi.

INFERIORITATE

Se spune că unii suferă din lipsă de superioritate, iar alţii suferă de un complex de inferioritate. La o persoană, superioritatea este întotdeauna înrudită cu orgoliul, iar inferioritatea, cu mediocritatea. Poate că această corespondenţă nu se confirmă în dicţionare, însă acesta este sensul pe care acest cuvânt îl are în viaţa reală.

La individul slab, SABOTORUL ia controlul asupra lui, omorându-i, ca să spun aşa, toată încrederea în el. El îşi va încetini încontinuu evoluţia pe toate planurile. „TU NU EŞTI capabil să... TU NU EŞTI suficient de bun... mare... puternic pentru. ." etc. El are întotdeauna această frază negativă în cap, scăzând nivelul vibrator al legii ATRACŢIEI.

Foarte des, cauza se datorează educaţiei primite. În loc să încurajeze, să felicite, părinţii dojenesc la tot pasul, uitând cel mai mic semn de recunoştinţă. Copilul a crescut împuindu-i-se capul cu un număr mare de porecle care îl umilesc, îl ridiculizează. Părinţii lui, pe care îi consider lipsiţi de respect, au ucis dragostea de sine a copilului. Devenit adult, acesta va fi marcat de lipsa de încredere. Câtă tristeţe!

INVIDIE

Invidia este un sentiment de tristeţe, de nervozitate şi de ură.

Cunosc elevi la care acest sentiment este atât de puternic, încât de mult timp se învârt în cerc fără să înţeleagă de ce.

Toate succesele, toate bucuriile şi toate fericirile sunt organizate de gândire. Pentru ei, organizarea se reduce la obsesia de a-l întreba pe Dumnezeu, Universul sau nu mai ştiu pe cine sau ce:

- De ce, de ce, de ce...
- De ce li se pare totul uşor?
- De ce ei şi familia lor nu sunt niciodată bolnavi?
- De ce le ies banii şi pe urechi? Au prea mulţi, ar trebui să împartă cu noi.
- De ce sunt mereu fericiţi?
- De ce copiii lor reuşesc foarte bine şi ai mei sunt mai puţin remarcaţi?

Ei se preocupă în mod constant de ce se întâmplă în curtea vecinilor. Îi invidiază, le reproşează viaţa lesnicioasă, succesul. Atunci când se privesc, nu văd decât partea negativă şi deprimantă a vieţii lor.

Acestora le STRIG: „VEDEŢI-VĂ DE ALE VOASTRE! Opriţi-vă, vă irosiţi timpul, un timp nebun să ştiţi de ce, să încercaţi să înţelegeţi de ce ceilalţi au ce voi nu aveţi. Viaţa voastră este deprimantă pentru că o trăiţi pe spatele semenului. Visurile voastre sunt impersonale, iar ambiţiile devin inaccesibile. Nu veţi găsi niciodată vreo soluţie rămânând în mod constant legaţi de unul dintre semenii voştri".

Ştiu că nu e deloc uşor când aţi trăit toată viaţa pe spinarea invidiei. A vă opri acum pare posibil pentru ceilalţi, dar nu pentru voi. Invidia este ca un germen canceros care se dezvoltă.

V-aţi imaginat o singură clipă cum va fi bătrâneţea voastră? Veţi fi dezgustaţi, frustraţi, rău intenţionaţi şi dezagreabili. Veţi trăi în amărăciunea trecutului, a unui trecut inutil, pentru că l-aţi trăi în dezacord cu nobleţea sufletească şi cu generozitatea. Vibraţiile voastre vor fi la un nivel foarte jos şi veţi rămâne într-o dispoziţie proastă.

Vedeţi-vă de ale voastre, nu vă mai comparaţi cu ceilalţi şi începeţi să valorificaţi minunata persoană care sunteţi. Nu uitaţi că toată viaţa voastră depinde de modul în care gândiţi. Începând acum să vă ocupaţi de voi, rezultatul eforturilor va fi MOŞTENIREA senectuţii.

IRITARE

La fel ca furia, iritarea este impulsivă. Această reacţie este provocată de un surplus de elemente negative. Aţi uitat sau v-aţi oprit din administrarea echipamentului mental, şi iată că angrenajul s-a dereglat. Pentru voi, el nu funcţionează destul de repede.

Totul se leagă. Dacă vă simţiţi bine în pielea voastră, dacă sunteţi calmi şi relaxaţi, atunci sunteţi răbdători. Atunci când totul devine confuz şi reacţionaţi lăsându-vă gândurile să vă calmeze temperamentul, vă înfrumuseţaţi personalitatea. Aţi observat că totul se leagă printr-o relaţie de cauză şi efect? Gândurile interacţionează asupra voastră în mai multe planuri:

- atitudine;
- stare de spirit;
- stare sufletească;
- caracter;
- temperament;
- personalitate.

Încă de la început, v-am vorbit deseori despre forţele motrice ale gândurilor voastre. Descoperind întreaga complexitate a mecanismului, aţi considerat că ar fi dificil să întreprindeţi acest demers, crezând că va trebui să lucraţi la toate aceste puncte ale ansamblului caracteristicilor fiinţei umane pentru a învăţa în cele din urmă să vă administraţi gândurile. Ei bine, nu. Este exact contrariul. Pentru că, dacă vă administraţi gândurile:

- atitudinea voastră se schimbă;
- starea voastră de spirit se echilibrează;
- starea voastră sufletească este fericită;
- caracterul vostru se mlădiază;
- temperamentul vostru se armonizează în exterior cu interiorul vostru;
- personalitatea voastră se schimbă.

Ocupându-vă de calitatea propriilor gândurilor, vă ocupaţi de voi înşivă, iar nivelul vibrator se îmbunătăţeşte. Aşa vrea legea ATRACŢIEI.

Nu mai iau în calcul comentariile elogioase pe care le-am primit graţie tehnicii ORGANIZĂRII GÂNDIRII. Dintre toate aceste comentarii, unul deosebit m-a făcut să conştientizez toate binefacerile acestei tehnici.

Domnul Jean-Marie Nantermans, din Bruxelles, îmi spunea că Organizarea Gândirii este comparabilă cu un scalpel, în timp ce orice altă metodă de împlinire pare mai degrabă să semene cu un cuţit de bucătărie.

IRONIE

Oare am putea face ironii oricând? NU! Trebuie să fim foarte atenţi la tot ce spunem. Nu putem vorbi doar de dragul de a vorbi, de a povesti orice. Fiecare cuvânt pe care îl rostim emite propria energie, conştient sau inconştient, pentru amuzament sau cu cea mai mare seriozitate. Universul nu gândeşte, nu reflectează şi nu analizează, el ia ca autentică vibraţia emisă de cuvântul pronunţat. În plus, îi redă şi el în mod sistematic energia vibratoare.

Dacă povestim o întâmplare, dacă facem o glumă într-un scop umoristic, deşi Universul nu gândeşte, energia emisă va fi foarte diferită. Ea are drept scop să provoace râsul. Aşadar, emiţătorul foloseşte cuvinte cu frecvenţe joase vibratorii, al căror retur este în mod automat anulat. Emiţătorul fiind el însuşi energie în întregime, vibraţiile sale sunt în armonie cu propriile intenţii. În consecinţă, ele rămân maximale pentru povestitor.

Deşi Universul nu are simţul umorului, el percepe vibraţiile povestitorului într-un mod diferit. Din fericire pentru el.

LAŞITATE

Nimic nu e mai urât la un om decât laşitatea. În opinia mea, nu există nimic mai josnic. Înseamnă lipsă de demnitate, de amor propriu, înseamnă a nu te iubi.

Cum am putea trăi cu conştiinţa plină de remuşcări şi de dezaprobare pentru o laşitate comisă? Încă o dată, SABOTORUL l-a influenţat pe purtătorul gândului în detrimentul unei victime. Oscar înlocuieşte laşitatea cu vinovăţia, şi totul se rezolvă. Este fals! Conştiinţa unei persoane slabe va acţiona astfel, dar un om, unul adevărat, va rămâne marcat de lipsa sa de curaj sau de incapacitatea sa de a trece la acţiune.

Dacă trăiţi actualmente cu o astfel de obsesie în cap, veţi cunoaşte cauza şi motivul slăbiciunii voastre. Iertaţi-vă şi nu vă mai hrăniţi cu reproşuri, ca să vă puteţi repoziţiona în vibraţii superioare.

LIPSĂ DE ÎNCREDERE

Personal, am spus că lipsa de încredere este boala secolului. Este dramatic să vezi atâtea persoane suferind de acest defect. Tot SABOTORUL este cel care nu lasă niciodată persoana liniştită şi profită de slăbiciunea unora pentru a le controla viaţa.

Folosindu-ne de energii şi atribuindu-ne dreptul de a reuşi şi de a obţine succese, ne luăm un angajament faţă de noi înşine. Mulţi sunt cei care se tem de succes. Succesul este foarte exigent. El cere perseverenţă, tenacitate, eforturi şi deseori multe sacrificii. Atribuim succesul norocului, ceea ce corespunde unei părţi de adevăr. Dar norocul nu vine la cel lipsit de încredere. De ce? Ei bine, pentru că el nu va pune mâna pe el niciodată, fiindcă nu are încredere!

În opinia mea, în viaţă nimic nu e uşor. Pentru a ne realiza, trebuie să fim înarmaţi cu o doză bună de încredere. Cu Universul şi o bună gestionare a gândurilor, totul devine posibil.

Transmiteţi această informaţie copiilor voştri. Trebuie să le faceţi complimente, să le recunoaşteţi valorile şi reuşitele. Evitaţi să-i criticaţi în mod constant, să-i judecaţi aspru, daţi-le şanse să vă arate şi să-şi arate lor tot potenţialul pe care îl au. Nu puneţi la îndoială capacităţile, personalitatea lor. Nu aveţi încredere în educaţia pe care le-aţi dat-o? Chiar dacă uneori un anumit lucru nu vi se pare rezonabil, ei vor trăi experienţa, aşa cum aţi făcut şi voi. Cine nu a greşit niciodată?

În concluzie, pentru a reuşi o bună ADMINISTRARE a vieţii, trebuie, înainte de toate, să vă administraţi gândurile. Renunţarea pentru o singură zi la antrenament înseamnă a cădea din nou în vechile scheme ale gândirii. Veţi stagna sau veţi face paşi înapoi, iar acest lucru vă va întârzia atingerea obiectivului.

Pentru a CÂŞTIGA, trebuie mai întâi să GÂNDIŢI, apoi să ADMINISTRAŢI, după care, în concluzie, veţi CÂŞTIGA. Nu putem inversa etapele, este o regulă fundamentală.

Ştiu că multe persoane sar repede la concluzie: AM CÂŞTIGAT. Veţi realiza că nu este de ajuns doar aplicarea câtorva formule sau exerciţii.

Acest lucru funcţionează acum, dar, pentru o reuşită constantă, pentru a trăi în euforia fericirii, nişte experienţe parţiale nu vă vor face să atingeţi fericirea.

De ce să vă refuzaţi acest drept afrodiziac când sursa-mamă este în voi? Doar voi puteţi răspunde la această întrebare.

Mi-am făcut datoria de a vă îndemna de-a lungul acestei cărţi să GÂNDIŢI şi să ADMINISTRAŢI. Acum, CULEGEŢI ROADELE! Transformându-vă sistemul de gândire, vă veţi ridica nivelul vibrator şi veţi atrage doar bucurie. Veţi fi mândri de voi, pentru că veţi avea ÎNCREDERE ÎN VOI.

Eu îmi continui antrenamentul zilnic, deoarece pentru nimic în lume nu aş dori să-mi pierd starea de bine.

MANIPULARE

Suntem cu toţii manipulatori şi manipulaţi. Manipularea joacă un rol extrem de delicat în raporturile dintre indivizi. Unii au o charismă irezistibilă şi se folosesc de ea la maximum, manipulând. Cei mai slabi se lasă manipulaţi.

Avem impresia că manipularea este apanajul politicienilor, al patronilor şi al anumitor şefi. Voi nu v-aţi manipulat niciodată partenerul de viaţă sau o altă persoană cu un scop precis? Chiar niciodată? Există mai multe moduri de a-l manipula pe celălalt, iar relaţia amoroasă oferă un teren bun pentru acest tip de gimnastică.

Există multe moduri de manipulare. Nu voi enumera aici toate strategiile posibile. Voi aborda doar subiectul iubirii. V-aţi gândit că, deseori, ne folosim de ea pentru a-l face pe celălalt să cedeze? Există mai multe moduri de a proceda, dar, de fiecare dată, se jonglează cu vibraţiile celuilalt. Atenţie la legea ATRACŢIEI!

Drăgălăşenia poate deveni manipulare atunci când vă folosiţi de ea pentru obţinerea unui favor de la celălalt sau chiar în scopul obţinerii iertării pentru o prostie. Atunci, vă folosiţi atuurile pentru a vă atinge scopul. Drăgălăşenia calculată, intenţionată este un abuz de putere asupra celuilalt. Atunci acţionaţi cu fineţe pentru a vă influenţa partenerul sau chiar pentru obţinerea unui răspuns favorabil.

Multe persoane slabe se simt în mod constant manipulate. Este adevărat că, în domeniul relaţional, manipularea joacă un rol. Într-o relaţie de iubire, aş spune că este în numele iubirii şi din iubire, că slăbiciunea la locul acestui sentiment împărtăşit. Atunci când manipularea este la ordinea zilei în relaţia noastră amoroasă, înseamnă că ea începe să se strice. Din păcate, prea sensibilă la vibraţii, inima voastră acceptă să fie manipulată pentru păstrarea iubirii. Dar oare nu acceptăm să fim jucăria oportunistului din frivolitate?

Sexul este acţiunea care, foarte des, alimentează relaţia. Acceptaţi şi oferiţi în schimb plăcerea pentru satisfacerea unei nevoi fizice şi psihologice. Or, în fond, există uneori un element manipulator care domină relaţia. Profitorul exercită asupra celuilalt o presiune morală pentru a ajunge la orgasm, la satisfacţia personală. Slabul acceptă din supunere plăcerile jocului.

Suntem cu toţii manipulatori, dominatori, iar uneori slăbiciunea este cea care guvernează. Împrejurările vă fac să jucaţi când rolul puternicului, când rolul celui slab. Vă puteţi simţi vinovat că sunteţi slab când vă simţiţi deposedat de propriile valori, iar aşteptările voastre sunt înşelate de comportamentul partenerului.

În cuplu, comunicarea este elementul esenţial. Dar, în ciuda multor eforturi, uneori domneşte o lipsă totală de ascultare. Cum să-ţi exprimi frământările şi suferinţele atunci când celălalt nu aude? Soluţia: **supărarea.**

Supărarea este comportamentul celui slab, în timp ce indiferenţa este cel al manipulatorului. Ne supărăm ca să transmitem un mesaj. Care? Cel al inimii rănite care suferă în tăcere. Sperăm că celălalt va înţelege în cele din urmă. Din păcate, el este orb sau situaţia îl avantajează, pentru că în acest fel discuţia este încheiată. Dar problema rămâne.

Perioada de ceartă poate varia de la câteva ore la câteva săptămâni. Gravitatea rănii care a provocat suferinţa determină durata ei. Tensiunile sunt accentuate şi de insensibilitatea celuilalt, crescând astfel durata. A trăi într-un astfel de climat înseamnă autodistrugere şi scăderea nivelului vibrator - mereu legea ATRACŢIEI! -, pentru a fi şi mai manipulat în mod inconştient.

Indiferenţa este aroganţa provocatoare pentru accentuarea luptei între două persoane. Provocatorul îşi scade nivelul vibrator. Deseori, foarte sensibil în interior, indiferentul acţionează astfel ca să salveze aparenţa şi, îndeosebi, ca să păstreze controlul asupra unei situaţii pe care el a provocat-o. În fond, este o persoană tandră care suferă la fel ca şi celălalt de ruptură.

Banii reprezintă o energie care trebuie îmblânzită. Este o energie de bucurie, de fericire, dar şi de insatisfacţie, de suferinţă, de negociere, de stres şi de manipulare. În cuplu, această energie este deseori cauza unor discuţii furtunoase, pentru că unul sau celălalt o utilizează ca argument defavorabil în loc să caute o soluţie.

Utilizăm banii pentru obţinerea unui favor, studiem situaţia, îmblânzim jocul şi trecem la acţiune. Puterea banilor este o realitate tristă care distruge deseori armonia într-o legătură. Ei pot reprezenta uneori un element de competiţie în cuplu. Din păcate, trebuie să subliniem acest lucru, există femei care caută un bărbat cu venituri substanţiale pentru a-şi asigura un anumit confort şi o calitate a vieţii superioară mediei. Există şi bărbaţi care profită de banii lor pentru a abuza de femei.

Într-o anumită epocă, îndeosebi femeile utilizau lacrimile pentru a manipula, iar acest lucru se mai practică şi astăzi. Câteva lacrimi, şi persoana în cauză este păcălită. Partenerul de viaţă sau copiii îşi schimbă atitudinea pentru a nu provoca suferinţă. Problema nu e rezolvată, ea a fost camuflată în spatele unui potop de lacrimi şi astfel se evită osteneala unui demers aprofundat pentru o discuţie constructivă.

NESIGURANŢĂ

Nesiguranţa vă descumpăneşte evoluţia, vă destabilizează sănătatea mentală atât de mult, încât vă poate face să pierdeţi controlul asupra situaţiei. Nesiguranţa influenţează multe aspecte ale vieţii: emoţional, financiar, profesional şi relaţional. Oscar seamănă îndoieli în mintea voastră în privinţa unui subiect care vă preocupă, şi iată că intraţi într-o fază de nesiguranţă.

Cu toate mijloacele pe care le deţineţi, veţi fi în măsură să anticipaţi şi să luaţi taurul de coarne, să vă păstraţi încrederea şi să treceţi la acţiune. Atâta timp cât vă veţi afla în stare de nesiguranţă, veţi provoca doar situaţii neliniştitoare care vă vor distruge viitorul. Nesiguranţa este ca toate celelalte afecţiuni: trebuie să fiţi vigilenţi şi atenţi la voi şi la mintea voastră conştientă pentru a menţine un nivel vibrator bun.

OBICEIURI PROASTE

Obiceiurile proaste sunt moduri de a acţiona individuale şi frecvent repetate. În practică, aţi recunoscut, la voi sau la altcineva, una sau mai multe obiceiuri proaste.

Pe scurt, un obicei prost este tot ce este EXCESIV. De exemplu: în bucătărie, când există câteva fructe pe masă, un teanc mic de facturi, veselă murdară în chiuvetă, asta nu înseamnă dezordine, ci o bucătărie vie.

A trăi în dezordine înseamnă aşadar o bucătărie în care există un munte de vase murdare şi multe lucruri nelalocul lor. Spaţiul vital este atât de redus, încât acest lucru vă îmbolnăveşte. O astfel de dezordine vă scade nivelul vibrator, pentru că nu este în mod automat în armonie cu vibraţiile bune pe care le cere legea ATRACŢIEI.

Obiceiurile proaste reflectă o dezordine interioară. Exteriorul este oglinda interiorului.

La adolescenţi, a trăi într-o cameră sau o garsonieră într-o dezordine completă este un mod de a trăi. Este normal, pentru că ei sunt perturbaţi de viitorul lor. Interiorul lor este în mod evident tulburat, mediul lor înconjurător este şi el la fel.

Mai există şi ceea ce eu numesc dezordinea cinematografică, în care adolescentul controlează haosul mediului său înconjurător. Tot ce se află în locurile de aranjare precum comoda, şifonierul, masa de lucru se află mereu în ordine. În schimb, aspectul exterior al camerei rămâne „dezordonat". De fapt, mediul lui înconjurător reprezintă partea socială a relaţiilor sale. El merge la unii şi la alţii, iar dacă mediul lui înconjurător nu este după imaginea celor pe care îi frecventează, vor exista obstacole. Dar el nu doreşte asta. Aşadar, va acţiona din instinct. Dacă locurile de aranjare sunt în ordine, înseamnă că individul este bine din punct de vedere interior.

Ştiu că dezordinea la adolescenţi provoacă supărare părinţilor, devenind foarte des o sursă de conflict. Iată un sfat pe care îmi permit să vi-l dau: respectaţi mediul său înconjurător, închideţi uşa. Acceptaţi ca acest lucru să facă parte din evoluţia lui şi veţi fi în pace cu voi înşivă.

PANICĂ

PANICA, mereu provocată de mintea noastră conştientă, ne transformă viaţa într-o adevărată dramă. Atunci când vibraţi cu frecvenţele panicii, ele acţionează ca un bumerang, întărind acest sentiment. Jocul panicii se alimentează prin stările de angoasă, de anxietate, de teamă. Dacă insist, ajungând chiar a mă repeta, o fac pentru că doresc cu adevărat să vă sensibilizez în privinţa forţelor gândurilor voastre. Ele vă aparţin şi numai voi le puteţi controla. Mi-aş atinge scopul prin această carte doar dacă voi, dragi cititori, înţelegeţi bine angrenajele conştientului şi ale inconştientului. Aş reuşi dacă, încă din acest moment, v-aţi decide să exersaţi acest organ vital care este mintea.

Ca toate elementele negative şi constructive, panica îşi joacă rolul la perfecţie, neoferindu-vă nicio şansă. Dimpotrivă, ea se ocupă de stările voastre sufleteşti, păstrând sub o supraveghere răutăcioasă întreţinerea minţii. Vibraţiile de panică suprimă obiectivitatea umană, încetinesc evoluţia îmbunătăţirii sănătăţii, putând chiar distruge individul.

Pierdut, el se caută, fără să înţeleagă rătăcirea mentală. Cel mai rău este că a alimentat în mod inconştient această situaţie prin ignoranţa sa. Aceasta este drama trăită de mulţi indivizi. Pierduţi într-o stare de panică imposibil de controlat, ei îşi pierd minţile, sunt disperaţi, se cred pe un drum fără ieşire. Nu sunt nebuni, ci doar perturbaţi şi nefericiţi de ceea ce trăiesc.

Numeroase tulburări psihologice ar fi putut fi evitate dacă am fi fost educaţi încă din adolescenţă să ţinem cont de forţele motrice care sălăşluiesc în noi. Din păcate, încă nu am ajuns aici. Să ne imaginăm câteva minute că toţi locuitorii planetei îşi administrează perfect gândurile. Ce ar rezulta de aici? Ar fi PARADISUL. Aveţi în întregime dreptate. Noi suntem cauza tuturor nenorocirilor, suferinţelor şi eşecurilor noastre. Va fi cu totul altfel în ziua în care măcar o treime a planetei va înţelege şi va aplica legile gândirii. Atunci, nivelul vibrator al planetei va creşte.

Credeţi că îmi fac iluzii. Există mulţi oameni de ştiinţă şi cercetători care sunt de această părere. Susţin punctul lor de vedere, pentru că ştiu, din experienţă personală, că au dreptate. Lucrul pe care îl fac transformă ansamblul unui grup pentru a-l face să evolueze cu titlu individual. El influenţează din punct de vedere energetic eticheta socială într-un mod conştient. Pentru că fiecare persoană şi-a luat responsabilitatea propriei vieţi şi ştie importanţa stărilor sale sufleteşti, a stărilor sale de spirit.

Astfel, ea îmbogăţeşte vibraţiile propriei comunităţi prin reuşita eforturilor sale. Oare conştientizaţi toată importanţa pe care fiecare dintre voi o are asupra semenilor voştri. Este ceva colosal, nu putem evalua în cifre eforturile de întreţinere a modului nostru de gândire. Dar, credeţi-mă, să eliminăm PANICA şi să revenim la războiul cu vibraţiile. Starea de panică este prima în materie energetică care stârneşte celelalte sentimente legate de ea.

Panica generează multe alte sentimente care dăunează evoluţiei. Există LIPSA DE ÎNCREDERE, TEMERILE şi îndeosebi NESIGURANŢA datorată **lipsei de bani**. Nesiguranţa vă tulbură evoluţia.

Panica creată de teamă distruge ambiţia.

PREJUDECATĂ

Prejudecăţile au o forţă devastatoare uriaşă, ignorată de cei mai mulţi dintre oameni.

Unele prejudecăţi arată mediul social originar al persoanelor. Este ceea ce numim caracterologia evenimentului în evoluţia lumii noastre, unele caracteristici care lipsesc au fost asociate ansamblului unei comunităţi sau a unui grup-ţintă.

Aderând la acest joc de judecată copilărească, deschideţi porţi mari judecăţilor primejdioase. De îndată ce trăiţi o situaţie tulbure, mintea se rătăceşte în analize negative asupra persoanei interesate, generând atunci judecăţile lipsite de probe suficiente care, în loc să vă facă să creşteţi în generozitate faţă de colectivitate, vă închide în voi înşivă şi în gândurile voastre negative.

Nu fiecare gest, nu fiecare remarcă pe care o faceţi întruneşte în mod obligatoriu unanimitatea, şi este normal. Atunci, de ce să vă criticaţi şi să vă judecaţi aproapele? Vă faceţi singuri rău (prin retururile energetice ale gândirii), rănindu-i în acelaşi timp pe ceilalţi cu observaţii nepoliticoase. O judecată riguroasă şi capricioasă dezvoltă o minte ÎNGUSTĂ. Schimburile voastre culturale şi sociale se închid, pentru că, din cauza unor prejudecăţi şi judecăţi prea severe, vă distrugeţi şarmul. Legea ATRACŢIEI acţionează în toate sensurile.

Prin spiritul de contradicţie şi de controversă, vă îndepărtaţi prietenii. Aveţi dreptul să formulaţi o critică şi să vă spuneţi părerea, aşa este. Totuşi, atunci când utilizaţi acest drept, aveţi grijă să prezentaţi întotdeauna ambele aspecte ale observaţiei sau aspectul negativ în primul rând şi o notă pozitivă în concluzie. Astfel, va fi remarcat mult mai repede simţul vostru de dreptate şi de echilibru decât cel de distrugere şi de critici umilitoare.

Există ceva ŞI MAI RĂU decât să-i critici sau să-i judeci pe alţii. Unii decid ce vor judeca ceilalţi înainte chiar de a îndrăzni să facă un prim gest. Ei hotărăsc ceea ce ceilalţi vor gândi spre ei. Sunt convinşi de acest lucru. În cele din urmă, pentru a evita să fie judecaţi aşa cum ei hotărâseră, refuză relaţii şi rămân îngrădiţi în micul lor univers. Aşa se întâmplă şi în cazul actelor celorlalţi şi motivele lor de acţiune.

RĂZBUNARE

Răzbunarea este o compensaţie morală a ofensei prin pedepsirea persoanei care jigneşte...

Înţeleg că, uneori, o suferinţă poate fi ofensatoare, umilitoare, supărătoare, dar acest lucru nu este un motiv pentru a căuta răzbunarea. A te răzbuna înseamnă a-i da dreptate adversarului, a coborî la nivelul lui, dar cel mai grav este că legea ATRACŢIEI rămâne în vigoare.

Este adevărat că există multă răutate, dar nu veţi obţine o calitate mai bună a vieţii răzbunându-vă. Trebuie să treceţi prin etapa iertării, despre care voi vorbi mai târziu, şi, îndeosebi, să EVITAŢI discursurile răuvoitoare ale sabotorului vostru Oscar.

RESENTIMENT

În psihologie, resentimentul face parte din ceea ce numim cei trei „R": ranchiună, răutate, resentiment. El constă în a ne aminti cu duşmănie nedreptăţile la care am fost supuşi.

Amintirea care ne limitează evoluția. Element distructiv, acest gând se va concretiza în mod negativ și va lua inima drept complice în elaborarea **urii**.

Resentimentul nu este legat nici de gelozie, nici de invidie. El este legat de o nedreptate cauzată de cineva. De exemplu, cineva a răspândit bârfe sau calomnii despre voi; sunteți concediat fără un motiv întemeiat; partenerul a pus capăt relației voastre amoroase. Resentimentul devine atunci vedeta gândurilor voastre până în ziua în care îngropați această situație traumatizantă.

Durata acestui sentiment nu depinde decât de cel care îl întreține (Oscar). De fiecare dată când unul dintre cei trei „R" iese la suprafață, nu vă cufundați prea mult în întreținerea inconștientă a schemei voastre de gândire. Soluția: trăiți o ACCEPTARE, chiar dacă acest lucru este dificil. Cu cât veți accepta mai repede, cu atât veți găsi mai repede pacea interioară, iar nivelul vostru vibrator se va repoziționa din punct de vedere energetic în creștere. Amintiți-vă de legea ATRACȚIEI...

RUŞINE

Este țapul ispășitor al greșelii. Rușinea ne reduce personalitatea, distruge încrederea, în consecință, scade nivelul vibrator. Este umilința, dezonoarea unei situații trecute care se trăiește în prezent. Rușinea este legată de o greșeală trecută. Cine nu a resimțit-o? Acceptând povara rușinii, limitați elanurile personalității voastre. Trăiți trist și nefericit. Înseamnă a recunoaște verdictul societății și a-i da dreptate.

Rușinea este un element de distrugere. Sunt oameni care trăiesc de prea mult timp sub fusta rușinii. Ei se precipită în singurătate, mângâie disperarea și se îmbată cu vinovăție. Aceștia sunt pierduți în norii gri ai propriilor gânduri.

Pentru a scăpa de acest handicap, trebuie să vă RECUNOAŞTEŢI greşeala. ACCEPTAŢI consecinţele greşelii, IERTAŢI-VĂ, pentru că nimeni nu e perfect, şi, în primul rând, trebuie să vă IUBIŢI.

Nu vă preocupaţi de oameni care au timp de pierdut judecându-vă. Din acest moment, ridicaţi această greutate de pe umerii voştri şi înfruntaţi viaţa.

Zâmbiţi. Fericirea este astăzi. Greşeala a fost ieri.

STRES

Există două forme de stres. **Stresul pozitiv** joacă un rol de stimulator, el furnizează adrenalina care ne împinge spre realizarea noastră. El tonifică personalitatea, ne dă curajul de a persevera în ambiţiile noastre şi dinamizează legea ATRACŢIEI.

De **stresul negativ** se ocupă SABOTORUL. El are o plăcere meschină să vă furnizeze constant gânduri negative care, să spunem cinstit, sunt mult mai uşor de administrat. Una dintre marile cauze ale stresului este că nu ne ocupăm suficient de noi. Prea des, serviciul ne domină viaţa. Părăsindu-şi locul de muncă, multe persoane iau cu ele responsabilităţile, grijile, problemele şi toate celelalte probleme legate de el. Sunt incapabile să se desprindă de ele.

Pentru combaterea stresului, există mai multe posibilităţi, dar, indiferent de cele pe care le veţi alege, veţi reveni întotdeauna la bază, adică la gestionarea gândurilor. Oscar este cel care face orice pentru a vă abate de la obiectivul vostru, acela de a trăi liniştiţi. Dacă aplicaţi această metodă cu perspicacitate, stresul va deveni un element de domeniul trecutului.

Suport şi eu tentativele sabotorului meu Oscar, dar nu mă las bătut. Indiferent de situaţie, păstrez controlul. Luaţi această atitudine: eu sunt producătorul, realizatorul şi scenaristul filmului *Viaţa mea!* Recitiţi această ultimă frază şi reflectaţi la ea, veţi vedea cât de mult se vor schimba situaţiile în viaţa voastră. Conştientizaţi că voi sunteţi CEA MAI IMPORTANTĂ persoană.

Psihoterapia, asistenţa socială, diferitele abordări globale ale corpului şi ale minţii şi gestionarea gândirii vă vor ajuta să descoperiţi sursa durerilor voastre. Meditaţia (a trăi în linişte), yoga şi tai-chi favorizează relaxarea corpului şi a minţii, o eliberează de griji şi reduc efectele secundare despre care am vorbit deja. Un studiu realizat la Şcoala de Medicină din Arkansas demonstrează că meditaţia are un efect direct asupra sistemului imunitar.

Învăţaţi să vă afirmaţi

Unii dintre voi simt o dificultate în a se afirma şi se văd obligaţi să îndeplinească sarcini neplăcute pentru ei. Trebuie să învăţăm să ne afirmăm fără să ne pierdem calmul şi să exprimăm ceea ce simţim fără să ridicăm tonul şi nici să ne simţim vinovaţi. Astfel, vom relua controlul asupra propriei vieţi, şi numai acest lucru scade factorii de stres şi restabileşte nivelul vibrator.

Învăţăm să spunem „nu" fără să ne simţim vinovaţi, recunoscându-ne anumite drepturi fundamentale. Fiecare fiinţă are dreptul la egalitate, la privilegiul să-şi schimbe părerea, să-şi exprime opiniile, chiar dacă ele le contrazic pe cele ale anturajului, să ceară ca nevoile sale să fie satisfăcute şi să le satisfacă sau nu pe cele ale semenilor. Credeţi că există şi alte drepturi fundamentale? A-ţi recunoaşte drepturile individuale înseamnă şi a le acorda celorlalţi. Nu putem face întotdeauna ce ne taie capul. Trebuie să ne arătăm flexibili şi să ştim să acceptăm opinia celuilalt.

A te afirma nu înseamnă a fi supărător. Cerinţele trebuie formulate cu calm, în mod sincer şi cu respect faţă de semeni, începând prin a te conecta la Univers prin formulări specifice.

- Univers infinit, sunt calm şi relaxat imediat.
- Univers infinit, mă exprim cu uşurinţă, iar interlocutorul sau interlocutorii mei îmi acceptă ideile cu o foarte mare înţelegere, imediat.
- Univers infinit, am o foarte mare încredere în mine, acum.

Serviciul

Una dintre marile cauze ale stresului este serviciul. Mai mult decât activitatea propriu-zisă, MEDIUL este originea principală a stresului.

- Acordaţi mai multă importanţă iluminatului. El trebuie să fie adecvat muncii voastre.
- Nu staţi prea mult aşezaţi: circulaţia sanguină şi limfatică va fi blocată. La fiecare oră, ridicaţi-vă şi faceţi câţiva paşi. Dacă se poate, bateţi din picior.
- Acordaţi importanţă scaunului. Dacă el este prea înalt, puneţi picioarele pe un taburet mic sau, în lipsa lui, pe un teanc de cărţi sau ceva moale, pentru a fi în largul vostru. Vă puteţi meşteri singuri un suport de sprijinit picioarele, cu ajutorul unei cutii de carton cu o înălţime cuprinsă între şapte şi zece centimetri, umplută cu reviste vechi. Această cutie poate fi bine închisă cu ajutorul unei benzi adezive.

- Nu staţi prea mult timp în picioare.

- Aveţi grijă ca locul să fie bine aerisit. Plantele, florile, vasele umplute cu apă vă vor umidifica locul de muncă. Un aparat de ionizare va compensa lipsa aerului.

- Dobândiţi siguranţă în discuţiile cu superiorii formulând afirmaţii. Astfel, veţi avea încredere în voi.

Un singur individ poate foarte greu să îmbunătăţească nişte condiţii rele de muncă, dar, ADMINISTRÂNDU-VĂ bine gândurile, veţi corecta cu uşurinţă situaţia.

TEAMĂ

Ce este teama? De unde îi vine puterea de anihilare? După Orison Sweet Narden, ea nu are absolut nicio realitate; este doar o fantomă a imaginaţiei. În momentul în care înţelegem acest lucru, puterea ei scade. Dacă am fi mai conştienţi şi dacă am putea pricepe că nimic în afară de noi nu ne poate dăuna, nu riscăm nimic.

Teama distruge iniţiativa. Ea ucide încrederea şi cauzează NEHOTĂRÂREA; ea ne face să ezităm, ne suprimă energia iniţiativelor şi ne copleşeşte de incertitudine. Teama ne ia orice putere.

Putem neutraliza un gând de teamă opunându-i ca antidot un gând de curaj, aşa cum chimistul distruge puterea corosivă a unui acid opunându-i contrariul său, un alcaliu.

Neliniştea este doar o formă de teamă. Ea nu acaparează mult un individ cu o bună sănătate fizică şi mentală, însă îi atacă îndeosebi pe cei slabi, cei cu vitalitate scăzută şi energie sărăcită.

Teama sau teroarea care ne cuprinde este întotdeauna proporţională cu slăbiciunea şi incapacitatea noastră de a ne apăra împotriva cauzei care o provoacă.

În momentul în care am conştientizat puterea pe care o posedăm, dar şi pe cea care ne terorizează, sentimentul de teamă dispare.

Teama deprimă şi transformă în sclav; ea este fatală dezvoltării. Dacă nu scăpăm de ea, izvoarele vieţii noastre sunt secate. Iubirea, care alungă teama, produce efectul opus asupra corpului şi creierului. Iubirea aduce generozitate, măreşte inteligenţa, ajută la dezvoltarea celulelor vitale şi creşte forţa cerebrală.

Teama provoacă ravagii în imaginaţie, pe care o umple cu tot felul de tablouri sumbre. Încrederea este antidotul ei perfect pentru că, în timp ce teama nu vede decât umbrele şi întunericul, încrederea vede marginea de argint a norului şi soarele în spatele norilor groşi. Teama priveşte în jos şi se aşteaptă la ce e mai rău; încrederea este optimistă. Teama anunţă întotdeauna eşecul; încrederea prevesteşte succesul. Nu poate exista nicio teamă de sărăcie sau de eşec atunci când mintea este dominată de încredere. Îndoiala nu poate exista în prezenţa încrederii, pentru că ea este mai presus decât orice nenorocire.

Persoana paralizată de teamă nu-şi poate folosi toate capacităţile. Trebuie să ai mintea odihnită pentru a fi stăpân pe tine, a fi încrezător.

Unele persoane sunt în mod constant dominate de teama că li se va întâmpla ceva rău. Ele sunt obsedate de această teamă, chiar şi în cele mai bune momente ale lor. Fericirea lor este astfel afectată atât de mult, încât nu se bucură cu adevărat de nimic. Această teamă s-a imprimat în propria viaţă, iar timiditatea lor excesivă o întăreşte.

Teama modifică circulaţia sângelui şi a tuturor secreţiilor; ea paralizează sistemul nervos, putând provoca chiar moartea. În timp ce tot ce ne face fericiţi, toate emoţiile plăcute relaxează vasele de sânge şi facilitează circulaţia sângelui. În schimb, teama contractă aceste vase şi blochează circulaţia. Acest lucru este evidenţiat de paloarea celor cuprinşi de frică.

Dacă o panică bruscă poate produce astfel de efecte, ce să mai spunem despre influenţa dăunătoare a temerii cronice care paralizează organismul de-a lungul anilor şi îl omoară încet. Nivelul vibrator fiind foarte mic, el distruge moralul şi atrage negativul în toate celelalte domenii ale vieţii.

Sunt de acord că în viaţa reală nu este niciodată uşor să controlezi situaţia. Ştiind că vă hrăniţi situaţiile, într-un mod neplăcut, prin gândurile voastre, acceleraţi realizarea lor negativă.

Aveţi două posibilităţi. Prima constă în răsturnarea unui eveniment prin gândurile voastre, evitând luarea de putere. A doua constă în acceptarea situaţiei şi trecerea la acţiune pentru schimbarea aspectului negativ pe care ea îl prezintă în viaţa voastră.

Într-o zi, un bărbat, cuprins de panică, m-a sunat. Banca tocmai îi blocase contul firmei. Într-o astfel de situaţie, singura cale de acces posibilă este, în general, falimentul. L-am liniştit şi l-am invitat să ne întâlnim înaintea începerii cursului. I-am propus să urmeze cursul de formare pe care îl ţineam şi să mă plătească doar dacă obţinea rezultate satisfăcătoare.

Am fost cât se poate de clar. Eu nu făceam nimic pentru el: bărbatul avea totul pentru evitarea falimentului. Profitând de acest curs de formare, a reuşit. Angajaţii lui au lucrat două luni fără salariu; aveau încredere. Acest antreprenor a căutat şi alte contracte. De asemenea, a studiat bine societatea şi, după ce a efectuat unele schimbări, totul a reintrat în ordine.

În acest caz concret era prea târziu pentru acceptarea ca primă posibilitate răsturnarea evenimentului, pentru că banca acționase deja. Cunoscându-și situația financiară, patronul ar fi putut răsturna decizia băncii organizându-și bine gândurile. Dar, pus în fața faptului împlinit, era deja prea târziu. În consecință, a optat pentru a doua posibilitate, adică aceea de a accepta situația și de a-și schimba modul de a vedea lucrurile, ceea ce s-a grăbit să facă, reușind cu succes. REACȚIONAȚI POZITIV! ORGANIZAȚI-VĂ GÂNDURILE!

TENDINȚĂ DE AMÂNARE

Tendința de amânare nu este o boală, să nu vă faceți griji. Este un obicei prost de a amâna mereu totul pentru a doua zi. Aveți dreptul să amânați pentru mai târziu un lucru sau o sarcină anevoioasă pentru toate motivele pe care le vreți. Dar, dacă de șase luni amânați de pe o zi pe alta ceea ce v-ați angajat să faceți, dați dovadă de tendință de amânare.

Nivelul vostru vibrator este scăzut. El stagnează în fața posibilei realizări, bate pasul pe loc în prezent. În mod inconștient, vă împiedicați singuri înaintarea, iar porțile receptivității negative vă sunt toate larg deschise. Ceea ce emiteți este doar stagnare.

Oscar este mereu prezent și îi place să vă ofere toate motivele ca să perseverați în tendința de amânare. Voi singuri sunteți stăpâni pe faptele voastre. Nu-i reproșați lui Oscar tendința de amânare. Treceți la acțiune! Veți fi mândri, iar apoi vă veți putea ocupa de altceva.

Atenție! Evitați să amânați pentru mai târziu „gestionarea gândurilor voastre". Vă dați seama că Oscar este cel care acționează în cazurile de tendință de amânare a lucrurilor? Studiați bine cartea, fără grabă, recitiţi-o şi poate că atunci veţi fi, în cele din urmă, pregătiţi. Credeţi asta cu adevărat? Puneţi în practică ceea ce vă învăţ pas cu pas şi, treptat, veţi reuşi să vă struniţi bine gândurile.

TRĂDARE

Trădătorul emite aceleaşi vibraţii, fie că trădează o persoană, un secret sau o situaţie. Vibraţiile trădării dăunează respectului şi distrug armonia.

Trădătorul acţionează cu o voinţă bine determinată de a vătăma aproapelui. El este conştient de răul pe care îl va comite. Nu-l interesează acest lucru, important fiind să-şi atingă scopul. El nu ştie că respectul faţă de semeni este o calitate energetică şi care trebuie menţinută la un nivel vibrator bun dacă dorim să fim, la rândul nostru, respectaţi. În mod inconştient, acesta acţionează şi culege consecinţele negative ale actului său.

Pentru a fi respectat trebuie, în primul rând, să-i respectăm pe ceilalţi. Pentru a fi iubit, trebuie să ne iubim pe sine şi să-i iubim pe ceilalţi. Energiile sunt activate în permanenţă şi emit vibraţii în funcţie de gândurile emiţătorului.

TRIŞAREA

Minciuna este şi ea o energie negativă. Înseamnă a-şi atribui un rezultat sau un succes prin intermediul unei alte persoane. Înseamnă a abuza de naivitate pentru a câştiga, a falsifica informaţii pentru a vătăma.

Dacă veţi copia de la un vecin în timpul unui examen, vă atribuiţi meritele studentului silitor. Dacă plagiaţi un document, faceţi acelaşi lucru. La fel va fi şi dacă trişaţi la cărţi sau în orice alt domeniu în scopul de a câştiga, dacă falsificaţi rezultate prin abuz de putere, informaţii în avantajul vostru, sume de bani pentru a evita situaţii compromiţătoare etc. Omul ştie din instinct ce este corect şi drept. Acţionând în mod conştient într-un scop nociv, el dăunează şi nivelului său vibrator, şi va veni o zi în care va fi înşelat.

Plagiatul face parte din familia minciunii. Atunci când copiaţi un CD sau un DVD, sau când vă însuşiţi munca altuia cu ajutorul internetului, vă însuşiţi drepturi de autor care nu vă aparţin. Într-un fel sau altul, într-o bună zi, veţi plăti toate drepturile de autor însuşite ilegal. Universul, care ţine o contabilitate perfectă a energiilor, va reda în alt fel autorului plăcerea drepturilor sale, în timp ce trişorul va plăti, indiferent cum, dar cu siguranţă va plăti. NIMIC NU NE ESTE IERTAT.

UMILINŢĂ

A umili o persoană înseamnă a-i autoriza un gest pe care nimeni nu are dreptul să-l facă, indiferent de circumstanţe. În ciuda tuturor durerilor şi a invidiilor posibile, este inadmisibil să vă dedaţi la o astfel de atitudine faţă de celălalt. Făcând acest lucru, emiţătorul îşi scade nivelul vibrator prejudiciind evoluţia sa.

Individul care se foloseşte de umilinţă pentru a-şi satisface pofta de răzbunare este o fiinţă mică în gândire şi în energie, şi va bate pasul pe loc în viaţă atâta timp cât nu îşi va schimba modul de gândire. El este o persoană foarte nefericită în căutarea de atenţie pentru a-şi face un loc în societate sau într-un grup de prieteni.

A fi o victimă a unui astfel de individ este un lucru trist. Ce e de făcut?

Vă propun o formulă care va schimba toate energiile negative în energiile pozitive, ducând la stoparea imediată a oricăror afirmaţii negative.

- **Univers infinit, toate gândurile şi cuvintele negative se întorc la emiţătorul lor în energie de dragoste, imediat.**

Veţi fi foarte uimiţi de rezultate. În plus, veţi rămâne calmi în faţa acestei persoane şi niciun gând negativ nu va mai sălăşlui în mintea voastră legat de ea.

Într-o zi, trei surori trebuiau să se lupte cu magia neagră. Fiind victimele unei vrăji potrivnice, vedeau cum afacerea lor era în mare pericol. Cuprinse de panică, ele m-au contactat şi, imediat ce au aplicat această formulare, totul s-a oprit. Practic, în aceeaşi zi, afacerile şi-au reluat cursul normal.

Totul e o problemă de energie. Atunci când la emiţător se întorc vibraţiile sale într-o altă energie, atitudinea sa, dar şi comportamentul, se transformă instantaneu, şi nu mai doreşte să-şi continue demersul distructiv.

URĂ

Aş fi dorit să evit acest subiect, dar trebuie acceptat că ura există. În lumea noastră aşa-zisă civilizată, un climat de violenţă şi de revoltă domneşte peste toată planeta. Ar fi fost simplu să atribuim doar războaielor termenul de URĂ. De altfel, sunt convins că dintre cei care se luptă în timp de război, mulţi o fac pentru onoare, unii din spirit de solidaritate, alţii din curaj. Câţi soldaţi sau partizani o fac cu ură în inimă? Îndrăznesc să cred că sunt foarte puţini.

Aş spune că ura este mai devastatoare în jurul nostru decât pe câmpul de luptă. Câte suflete omoară ea? Oamenii se ucid între ei mai mult în cuvinte decât în acţiune. Răutăţile verbale au limitat în foarte multe cazuri evoluţia celuilalt, cauzându-i prejudicii. Indiferent de cantitatea de ură din gândurile şi cuvintele voastre, nivelul vibrator scade.

Atunci când vă bucuraţi de necazurile altuia, de un eşec în dragoste, de încercări ale sorţii, de o degradare profesională, de o boală etc., nivelul vostru vibrator scade, iar voi sunteţi supuşi puterii legii returului. În cazul de faţă, două elemente joacă în defavoarea voastră în legea ATRACŢIEI. Întotdeauna trebuie evitate judecăţile şi comentariile nesănătoase faţă de semen.

Gândiţi-vă. Sunt mulţi tineri care astăzi au ales să se identifice cu violenţa, adunându-se în grupuri, îmbrăcându-se într-un mod agresiv şi colorat pentru a atrage atenţia, afirmându-se sau revoltându-se împotriva părinţilor, educaţiei, societăţii. Dar, în străfundul lor, acest sentiment este departe de a fi oglindirea propriei personalităţi. Ei sunt în căutarea adevăratei lor identităţi. În schimb, şeful lor se alimentează cu ură pentru a-şi hrăni adepţii cu această vibraţie fatală. Ignorând forţele energetice, el se foloseşte de ele din instinct ca să-şi înveţe propriul comando să facă rău. De fapt, multe grupuri mici creează panică şi seamănă violenţă.

Astăzi aduc în discuţie ziua de mâine. Care vor fi efectele secundare ale erei jocurilor electronice asupra copiilor de acum? Ei simt senzaţiile puternice ale învingătorului, învaţă să lupte cu duşmani imaginari. În mod inconştient, dobândesc un comportament de războinic. Văzută din punct de vedere obiectiv, această schimbare de comportament poate fi foarte bună, permiţând să se nască în ei un sentiment puternic de independenţă. Văzută din punct de vedere negativ, această schimbare poate lua forma unui sentiment de răzvrătire.

Am impresia că vom vedea apărând, în foarte scurt timp, o generaţie de dominatori, de *macho*, care, obişnuiţi să se lupte în nişte jocuri, vor avea mari dificultăţi în integrarea într-o societate calmă şi liniştită.

Consecinţe şi sechele: presupunerea mea e departe de a fi himerică. Astăzi, în şcoli, există o medie foarte ridicată de tineri înarmaţi. Ei se simt ameninţaţi, sunt îngrijoraţi şi cred că se apără. Cine s-ar fi gândit, pe vremea noastră, să meargă înarmat la şcoală? Pe atunci era perioada *Peace and Love*.

Societatea are o nevoie URGENTĂ de o terapie ca să înveţe dragostea, nu războiul, pacea, nu violenţa. Din fericire, ne aflăm în era Vărsătorului, o eră de spiritualitate.

Prevenţia împotriva urii este iubirea, iertarea. Dacă există în voi un sentiment de URĂ sau de OSTILITATE, opriţi-i evoluţia imediat prin aplicarea soluţiilor propuse. Apăraţi-vă de aceste gânduri care sunt pură distrugere.

Dacă aveţi un temperament agresiv în discuţiile cu partenerul de viaţă, EVITAŢI-LE de faţă cu copiii, fie ei şi adolescenţi. Fiţi discret pentru a limita stricăciunile. Ştiu că nu este mereu uşor, având în vedere că multe circumstanţe nu pot fi controlate, cum ar fi starea de ebrietate, frustrările, incidentele vieţii etc.

VIOLENŢĂ

Aş fi dorit să evit să vorbesc despre violenţă, dar ea este atât de prezentă în lumea actuală! Cum să rămâi indiferent? Nu vorbesc aici doar despre violenţa fizică, ci şi despre cea verbală şi psihologică.

Într-un moment de furie, spunem uneori lucruri pe care apoi le regretăm. În general, aceste cuvinte diferă dacă violenţa este accidentală sau este consecinţa caracterului. Pentru unii, violenţa este parte integrantă a personalităţii lor. Ei simt o plăcere maximă în a-l răni pe celălalt.

Violenţa fizică este deseori o probă de forţă între bărbaţi. Totuşi, există prea multă în cupluri. Forţele sunt inegale şi, în ciuda acestui lucru, aş afirma că laşitatea câştigă. Lipsiţi de puterea forţei verbale, recurgem la modul brutal. Loviturile nu rezolvă situaţia. Alcoolul este foarte des o cauză a violenţei.

Războaiele, masacrele, băile de sânge reprezintă o violenţă extremă şi nivelul vibrator al ţării beligerante sau a persoanelor care acţionează cu violenţă, chiar şi cu intenţii aşa-zis nobile, scade. Nivelul vibrator al ţărilor suferă de războaiele la care participă. Totul se leagă. NIMIC nu este cruţat în contabilitatea energetică a Universului.

ÎNDOIALĂ

Nu am aşezat îndoiala acolo unde ar fi trebuit să apară din punct de vedere alfabetic, şi asta pe bună dreptate. Îndoiala este punctul negativ împotriva căruia va trebui să vă apăraţi cel mai des, la începutul GESTIONĂRII GÂNDIRII VOASTRE. Ea va provoca variaţia nivelului vibrator, tulburându-vă mecanismul gândirii.

Îndoiala este parazitul vieţii. Ea împiedică funcţionarea perfectă a puterilor energetice. Ea distruge ambiţia, împiedică transmutarea gândurilor noastre. Este cel mai rău duşman împotriva căruia trebuie să ne luptăm încontinuu şi faţă de care trebuie să rămânem tot timpul în alertă.

Faceţi un examen de conştiinţă şi veţi constata amploarea influenţei pe care ÎNDOIALA a avut-o asupra realizărilor voastre. La fiecare experienţă de viaţă, dacă aţi profitat de bagajul vostru de cunoştinţe şi de experienţe FĂRĂ vreo ÎNDOIALĂ, aţi reuşit. În schimb, dacă unele tentative s-au dovedit a fi zadarnice, totul s-a întâmplat pentru că aţi făcut echipă cu ÎNDOIALA.

Bazându-mă pe toate experienţele mele, afirm că îndoiala este parazitul vieţii şi sunt convins că nu este nimic mai rău decât ea. De la începutul acestei cărţi, vă explic că totul este energie şi că, fără controlul gândirii, refuzaţi cea mai mare forţă motrice existentă. Prin ea şi numai prin ea dorinţele voastre se realizează. Atunci când vă îndoiţi de propriile posibilităţi, de forţele voastre spirituale, de VOI şi de puterile voastre nelimitate, în mod automat pierdeţi lupta. ÎNDOIALA vă compromite toate gândurile, energiile, vibraţiile. Este ca şi cum un obstacol uriaş v-ar împiedica să vă realizaţi. Este deja sfârşitul înaintea începutului.

Îndoiala creează un element de ANULARE, ca o armă. Atunci când suprasarcina electrică este prea mare, ea întrerupe curentul. Îndoiala vă distruge, ea paralizează omul, îi limitează toate posibilităţile. Îndoiala este inamicul numărul unu. Ea vă manipulează, vă limitează, generează distrugerea visurilor. Se spune că *Visele devin realitate,* dar cu o unică şi singură condiţie: SĂ NU AVEŢI ÎNDOIELI.

V-aţi făcut examenul de conştiinţă? Şi nu este adevărat? Când îndoiala se afla în afara circuitului gândurilor voastre, v-aţi realizat. Mai mult, aţi mers dincolo de propriile limite, eraţi convinşi şi nu aţi lăsat niciun loc, chiar şi unul minuscul, duşmanului vostru: îndoiala. Nu aţi conştientizat niciodată că reuşita experienţei voastre se datora absenţei îndoielii. Totuşi, ea este cu adevărat UNICA şi SINGURA cauză care v-ar fi putut suprima idealul.

În timpul examenului de conştiinţă, aţi observat că toate eşecurile proiectelor voastre se datorau în majoritate îndoielilor. Desigur, îndoiala nu este singurul element distructiv al unui vis început şi neconcretizat. Aflaţi că ea este în proporţie de 95% cauza oricărui fenomen de anulare. Restul se poate datora altor elemente pe care, personal, refuz să le accept.

În inima mea, sunt convins că îndoiala este vinovată 100% de orice eşec. Îi studiez comportamentul de mult timp. Analizez încontinuu intervenţia ei la oameni. Şi afirm în mod categoric că ÎNDOIALA anulează forţa gândurilor, ne distruge visele şi ne sabotează viaţa.

Ştiu că a fi sub dominaţia îndoielii este ca şi cum ai fi blocat într-un şifonier încuiat. Nu există nicio posibilitate de a ieşi. Trebuie să aşteptăm ca bunăoară cineva să deschidă uşa din exterior sau să o spargă pentru a fi, în cele din urmă, eliberat.

Evitaţi să fiţi dominaţi de îndoială, eliberaţi-vă de forţele ei negative, reluaţi urgent controlul propriilor gânduri!

Vă asigur că, din experienţă în experienţă, de fiecare dată când vă veţi controla îndoiala, veţi reuşi. Cu timpul, veţi realiza că îndoiala v-a manipulat prea mult timp pentru a-i mai permite cea mai mică dominare asupra vieţii voastre.

Oare eu încă mai am îndoieli? Deloc! Indiferent de situaţie, de obiectiv, de vis, nu las îndoielii nici cea mai mică posibilitate de a-mi perturba gândurile. Cunosc prea bine forţa ei de distrugere a energiilor şi îi refuz orice încercare de dominare, fie chiar şi pentru câteva secunde. Nu aş îndrăzni să-mi asum riscul, oricât de mic ar fi el, să mă cufund în marasmul distructiv al îndoielii.

Aţi conştientiza deja, citind aceste rânduri, că s-a infiltrat în gândurile voastre ca să vă abată spre gânduri negative şi să vă manipuleze?

Eu o cunosc bine pe doamna Îndoială. Este ca o vulpe şireată. Atacă pe ascuns şi încearcă prin toate mijloacele să vă împingă spre eşec. Ea distruge tot ce este ideal, ambiţie, vis. Nu lasă nicio şansă, dorind să rămână stăpâna vieţii voastre.

Nu mai sunt singurul care a dus şi câştigat această bătălie. Acum există un număr considerabil de persoane care s-au interesat de această problemă. După o matură chibzuinţă, ele au înţeles că ea era cauza inacţiunii şi poate chiar a disperării lor. Acum, conştiente de acest lucru, şi-au impus o practică atentă şi constantă: ELIMINAREA ÎNDOIELII.

„Bine! Ce pot face cu îndoiala?" Vă voi oferi explicaţii aprofundate şi soluţii pentru combaterea SABOTORULUI. Aţi recunoscut-o, sper! Amintiţi-vă rezultatele examenului de conştiinţă, succesele obţinute şi eşecurile suferite din cauza îndoielilor voastre; rezultatele câştigătorului, din experienţă în experienţă, asupra îndoielilor, victoriilor, limitărilor sale. Conştientizaţi că îndoiala era marea cauză a limitărilor. Nici eu şi nimeni altcineva nu va face acest demers în locul vostru. Doar voi aveţi această putere, doar voi veţi avea meritul victoriei.

Proiectare interesantă, dar imposibil de realizat, gândiţi voi! Din nou doamna ÎNDOIALĂ, SABOTORUL VOSTRU, care nu vă lasă nicio clipă de odihnă. Ea profită de mii de ocazii pe zi pentru a vă anihila forţele mentale. Nu vă lasă nicio şansă.

Ori voi, ori ea, fără nicio altă posibilitate, fără compromis! Cine va fi învingătorul şi cine va fi învinsul?

Nu aţi fost învinşi suficient timp? Înainte, aveaţi scuzele inocenţei. Nu ştiaţi că cea mai mare cauză a eşecurilor voastre era parteneriatul cu SABOTORUL vostru ÎNDOIALA. Astăzi, este altfel.

Desigur, puteţi refuza să acceptaţi această posibilitate (să ştiţi că nu voi vă impuneţi, ci din nou EA) şi să continuaţi să suportaţi influenţa ei devastatoare sau vă puteţi ocupa de voi cu atenţie şi curaj. Nu există alte posibilităţi: victoria sau înfrângerea.

Acelaşi principiu este mereu valabil: arma care conferă victoria este antrenamentul. Mitraliaţi-vă îndoielile fără remuşcări şi succesul vostru e garantat!

Pistolul-mitralieră al învingătorului se numeşte antrenament!

SOLUŢIA

Nu vă gândeaţi că veţi fi obligaţi să luptaţi, citind această carte, şi mai puţin că autorul ei vă sugerează să o faceţi. Într-adevăr, trebuie să duceţi o bătălie zilnică pentru a vă apăra de SABOTOR. Deoarece nu vă lasă niciodată o clipă de răgaz, trebuie să fiţi mereu în stare de alertă, să staţi în defensivă în cazul în care inamicul v-ar surprinde, pentru a vă menţine încontinuu nivelul vibrator la cele mai înalte frecvenţe.

De îndată ce apare o mică problemă, SABOTORUL are grijă să amplifice partea ei negativă şi să vă facă să vă ieşiţi din fire. Aceasta e marea lui forţă! El transformă deseori o situaţie obişnuită într-o problemă majoră, în detrimentul liniştii voastre interioare. Acţionează pe ascuns şi cădeţi cu uşurinţă în cursa lui, pentru că nu se anunţă niciodată. Mi-aş dori să vă spun că există un anumit semnal pentru a-l recunoaşte, dar v-aş minţi.

Atunci când constataţi toată puterea gândurilor voastre obiective şi constructive, conştientizaţi voi înşivă că gândurile negative au exact aceeaşi putere. Mărturisesc că, personal, singura mare teamă a vieţii mele este să nu mă las păcălit de SABOTOR. La fel ca şi voi, mi se întâmplă să am gânduri negative, dar imediat ce constat că ele încep să capete putere în mintea mea conştientă, mă revolt, mă lupt.

Trebuie să vă cunoaşteţi gândurile negative pentru a reuşi să le controlaţi. Am descris programul aspectelor negative ale SABOTORULUI. Personalitatea lui e complet negativă. Ca să duceţi cu bine lupta şi ca să vă menţineţi nivelul vibrator la un grad optim, trebuie să vă amintiţi de toate faţetele forţei sale. La început nu vă va fi deloc uşor şi veţi cădea frecvent în cursa lui. Chiar dacă după mai multe minute, chiar ore, vă daţi seama că v-a manipulat din nou, cu tehnica pe care v-am prezentat-o veţi reuşi să ieşiţi câştigători şi, la fel ca mine, vă va fi foarte teamă de gândurile negative.

Pe scurt, nu uitaţi niciodată recomandările de mai jos.

1. **OBSERVAŢI-VĂ** gândurile, ascultaţi-vă vorbind. Cu timpul, acest mecanism va deveni natural. Ca pentru toate obiceiurile rele şi bune, este o chestiune de antrenament.

2. De fiecare dată când veţi avea un gând negativ sau când veţi emite un cuvânt negativ, spuneţi în liniştea minţii conştiente: **TAI** sau **ANULEZ**, iar dacă uneori sunt imagini negative: **ŞTERG**.

3. **ÎNLOCUIŢI** imediat gândul sau cuvântul negativ cu un gând sau un cuvânt pozitiv.

4. Uneori, gândul este atât de obsesiv, încât agresează personalitatea, schimbă caracterul şi provoacă dispute cu anturajul. Imediat ce constataţi că vă aflaţi sub dominaţia Sabotorului şi că vă iroseşte momentul prezent, **EXAGERAŢI** forma sa de negativitate până a deveni ridicol, **AMPLIFICAŢI-O** până a vă face să râdeţi.

5. **LUPTAŢI-VĂ** cu Sabotorul. Aplicaţi-i lovituri de pumn... lovituri de picior..., şi asta din punct de vedere fizic, efectuând cu adevărat gestul de a da o lovitură de pumn sau una de picior, de a face o mişcare energetică. Veţi fi nevoiţi să duceţi această luptă foarte des în perioada de antrenament, adică la începuturile noului vostru mod de viaţă. Dar, cu cât veţi fi mai atenţi la gândurile şi cuvintele voastre, cu atât mai rapidă va fi evoluţia voastră.

Probabil că veţi duce această luptă din nou, în timpul unor evenimente concrete, dar cu cât v-aţi pus mai mult în practică Organizarea Gândirii de-a lungul anilor, cu atât mai scurtă şi mai puţin dificilă va fi această luptă.

6. În funcţie de context (sunteţi între prieteni, la serviciu sau în altă parte), poate fi imposibil să vă luptaţi cu Sabotorul. A face gesturi bruşte faţă de o persoană invizibilă ar putea crea un anumit deranj, iar lumea va râde de voi. În aceste cazuri, vă propun o altă soluţie. Trebuie **SĂ TRAGEŢI APA**, adică să mergeţi la toaletă, să-l aruncaţi în wc şi să trageţi apa.

   Multe femei care trăiesc acasă mi-au spus că apelează la această ultimă metodă şi că îi apreciază eficacitatea.

7. Cel mai bun mod de a-l combate pe SABOTOR este să vi-l imaginaţi ca fiind dublura voastră, sosia voastră. Adresaţi-vă ca şi cum ar fi vorba despre o persoană prezentă lângă voi. Amintiţi-vă cum aţi botezat-o şi vorbiţi-i strigându-l pe nume. Vă amintiţi, al meu se numeşte Oscar.

Este uşor de dus o luptă atunci când îţi cunoşti adversarul; veţi învăţa repede să-i neutralizaţi slăbiciunile. Ca la război, trebuie să vă organizaţi ca să distrugeţi cât mai multe efective posibile pentru a vă neutraliza inamicul. În războiul cu SABOTORUL, veţi învăţa să-l eliminaţi în toate acţiunile pe care el le va complota împotriva voastră atât prin gânduri, cât şi prin cuvinte.

Poate că veţi fi nevoiţi să luaţi armele în mână de mai multe ori pe zi şi, cu fiecare victorie, viaţa voastră va lua o altă orientare. Personalitatea voastră se va înfrumuseţa, caracterul se va mlădia şi nu veţi mai trăi în starea de deprimare a unei dependenţe răutăcioase care vă întunecă fericirea.

Mulţi oameni, victime ale dispoziţiei lor, ajung să-şi compromită cariera. Colegii îi evită, iar succesul nu le surâde aşa cum ar trebui. Ceilalţi vă iubesc şi cred în voi proporţional cu capacitatea voastră de a fi amabil. O minte morbidă se manifestă în mod obişnuit printr-o judecată denaturată şi greşită.

Omul nu a fost creat pentru a fi sclavul propriilor pasiuni, victima dispoziţiei sale. El a fost creat pentru a comanda, a domina, a fi constant stăpânul lui şi al vieţii sale.

Eliberarea minţii de Oscar, duşmanul declarat al bunăstării şi al fericirii voastre, este o luptă zilnică. Ce mare calitate să înveţi să-ţi fixezi mintea pe frumuseţe, nu pe urâţenie, pe adevăr, nu pe minciună, pe sănătate, nu pe boală! Nu e mereu uşor, desigur, dar e posibil. E nevoie de o anumită îndemânare în luptă pentru a merge la război împotriva propriului SABOTOR.

Nu permiteţi nimănui să vă fure credinţa în victorie asupra inamicului păcii şi fericirii voastre; credeţi cu tărie în voi. Vi s-a acordat capacitatea de a vă bucura de viaţă nu într-un mod limitat, ci total.

Mulţi oameni sunt cei mai mari duşmani ai lor. Ei îşi strică viaţa, permiţându-i lui Oscar să-i conducă. Totul depinde de încrederea în voi înşivă, de iubirea pe care o aveţi pentru voi. Acum, vă apăraţi împotriva celui mai rău duşman al vostru, nu printr-o atitudine de laşitate, ci printr-o dorinţă fermă de a vă schimba şi a vă transforma, fiind mereu optimişti pentru a vă optimiza vibraţiile. Aşa cere LEGEA ATRACŢIEI. Aşa vreţi voi!

Totuşi, când ceva merge rău, imediat ce aveţi o zi grea, de îndată ce înregistraţi unele eşecuri sau trăiţi o experienţă dureroasă, puteţi să vă pierdeţi puterea. Dacă vă lăsaţi invadaţi de gânduri de îndoială, de teamă, de descurajare, puteţi distruge într-o clipă toată munca constructivă pe care aţi făcut-o, poate chiar în mai mulţi ani. Aşadar, staţi la pândă: Oscar nu lasă niciodată o şansă, el nu-şi ia niciodată vacanţă. Dacă sunteţi mereu la pândă, gata de luptă, fiţi convinşi că nu veţi fi nevoiţi să reluaţi drumul deja parcurs.

Următoarea dată când vă veţi simţi descurajat, angoasat, anxios, îngrijorat, înspăimântat sau chiar atunci când trăiţi o stare de nesiguranţă, când veţi avea impresia că eforturile sunt inutile, schimbaţi tactica, înfruntaţi-l pe Oscar şi împiedicaţi-l să aibă acces la gândurile voastre. De fiecare dată când vă consideraţi descumpănit, amintiţi-vă că gândurile vă modelează viaţa.

Este normal să fii bine dispus când viaţa este uşoară şi plăcută. Dar omul care are cu adevărat valoare poate zâmbi chiar şi atunci când totul merge rău. Un creier perturbat nu poate gândi limpede şi logic. Grijile blochează funcţiile creierului, paralizează gândirea şi scade nivelul vibrator.

Carlyle a spus că unele persoane sunt abile în arta de a se face nefericite. Ele par să distileze o otravă mentală, pe care o răspândesc în jurul lor şi care vă atinge, indiferent de eforturile pe care le faceţi ca să vă apăraţi de ea. Ele repetă încontinuu că aşa sunt ele făcute, că nu se pot schimba şi nici opune să fie negative; ele sunt melancolice şi pesimiste.

Nu e uşor să ai o viaţă plăcută cu o astfel de filosofie. Poate faceţi parte din această categorie de oameni şi că nu aţi conştientizat niciodată acest lucru? Ei bine, acum ştiţi că vă puteţi schimba.

Nicio fiinţă nu a fost creată ca să fie nefericită, ca să întunece lumea şi să-i facă pe ceilalţi vrednici de milă. Omul a fost creat ca să fie în mod fundamental fericit. Oare când veţi înţelege că gândurile deprimante şi distructive vă prejudiciază evoluţia personală?

Insist asupra posibilităţii şi chiar a datoriei de a fi fericit, dar nu pentru că doresc să-mi daţi dreptate, ci doar pentru că doresc să vă deschid mintea şi să vă atrag atenţia asupra a ceea ce aveţi mai de preţ:

MECANISMUL VOSTRU DE GÂNDIRE

Sper că am ştiut să vă fac să conştientizaţi această minune care este gândirea şi necesitatea de a o organiza mai bine în viaţa voastră de zi cu zi. Puteţi încerca să-mi arătaţi că nu am dreptate, dar, spre marea voastră surpriză, veţi vedea că nu greşesc.

COMPORTAMENTELE NEGATIVE

Credeţi că toate dificultăţile voastre se opresc aici, odată ce aveţi control asupra Sabotorului? Că aţi terminat cu energiile negative care vă dăunează progresului vostru? Emisia de vibraţii legate de legea ATRACŢIEI nu este pusă în acţiune doar de gândurile negative. Asociate cu gândurile negative, ATITUDINEA, COMPORTAMENTUL, STAREA DE SPIRIT, dar şi STĂRILE SUFLETEŞTI sunt aliaţi inseparabili ai legii ATRACŢIEI.

Iată o listă cu comportamente care, şi ele, fie că doriţi sau nu, interferează în mod serios cu vibraţiile voastre şi vă dereglează viaţa. Fără să fie exhaustivă, această listă vă permite să vedeţi şi să înţelegeţi cât de mult ne pot prejudicia fericirea alte componente ale personalităţii noastre.

APATIC: Care este fără energie, fără reacţie, amorf, inactiv.

AROGANT: Care manifestă un orgoliu excesiv, insolent, dispreţuitor, trufaş.

ASPRU:	Persoană cu caracter brutal şi auster.
CAPRICIOS:	Care acţionează din capriciu, care are întotdeauna o tendinţă negativă.
CRITIC:	Care comentează şi judecă cu asprime.
CRUD:	Căruia îi place să vadă suferind, are o răutate gratuită.
DEZGUSTĂTOR:	Care este deseori prost dispus.
DUR:	Care nu se teme de nimic.
GROSOLAN:	Căruia îi lipseşte fineţea, delicateţea.
IMPERTINENT:	Care nu are respect şi nici reţinere, care dă dovadă de obrăznicie, de insolenţă, de neruşinare faţă de ceilalţi.
INUMAN:	De o mare cruzime; barbar.
IPOCRIT:	Care se comportă ca un prefăcut.
LĂUDĂROS:	Care îşi subliniază cu un exces de mândrie reuşitele, realizările, fie ele adevărate sau nu; fanfaron, îngâmfat.
LENEŞ:	Care manifestă lenevie.
MANIPULATOR:	Care manipulează situaţii în avantajul lui, în detrimentul celorlalţi.
MINCINOS:	Care minte în mod obişnuit.
MISOGIN:	Care detestă femeile.
MIZANTROP:	Care detestă specia umană, care se izolează de societate.
NESUFERIT:	Căruia îi place să jignească, îl enervează pe celălalt.

NESEMNIFICATIV:	Care este fără importanţă, banal, ridicol.
PERVERS:	Căruia îi place să comită acte imorale sau pline de cruzime.
PESIMIST:	Care tinde să vadă partea rea a lucrurilor, să estimeze că totul merge rău, că se va sfârşi rău.
PROTESTATAR:	Care protestează la cea mai mică ocazie.
RĂUVOITOR:	Care caută să prejudicieze, care are intenţii ostile faţă de cineva.
RIGUROS:	Căruia îi lipseşte veselia, libertatea; care este foarte sever.
SARCASTIC:	Care spune vorbe urâte, batjocoritoare.
SLAB:	Care nu are mijloace, resurse de apărare.
SUPĂRĂCIOS:	Persoană care emite energii de furie, de mânie, de frustrare.
TICĂLOS:	Care provoacă dezgust, dispreţ, prin josnicia sa morală.
URSUZ:	Care are un caracter dificil, deseori foarte dezagreabil.
VICIOS:	Care are gusturi bizare, ciudate; care este atras de practici sexuale condamnate de societate.
VULGAR:	Care este grosolan, trivial; cu lipsă de fineţe, de eleganţă.

PRIMA CONCLUZIE

Câte lucruri negative de corectat! vă veţi spune după ce aţi citit a doua parte a acestei cărţi. Iată un întreg program! Cât de greu va fi de gestionat totul ca să trăim zilnic în spiritul LEGII ATRACŢIEI. Ei bine, nu! Totul se leagă. Organizându-vă bine gândurile, atitudinea, ca şi comportamentul, va fi la unison cu această lege. Desigur, stările sufletească şi de spirit vor fi şi ele implicate.

**LEGEA ATRACŢIEI,
ACESTA ESTE SECRETUL**

**CHEILE SECRETULUI CONSTAU ÎN
ORGANIZAREA GÂNDIRII**

**ÎNCEPE O NOUĂ VIAŢĂ:
DOAR VOI DECIDEŢI ACEST LUCRU!**

**CÂND VEŢI ÎNCEPE
ORGANIZAREA GÂNDIRII?**

**NU UITAŢI SĂ
LUPTAŢI CU
SABOTORUL!**

ÎNDOIALA!

CUM SĂ VĂ LUPTAŢI CU SABOTORUL?

- OBSERVAŢI-VĂ gândurile şi ASCULTAŢI-VĂ vorbind.
- TĂIAŢI, ANULAŢI SAU ŞTERGEŢI.
- ÎNLOCUIŢI gândurile şi cuvintele negative cu gânduri sau cuvinte pozitive.
- EXAGERAŢI-VĂ gândurile până la a deveni ridicol.
- LUPTAŢI împotriva SABOTORULUI!

TRAGEŢI APA DE LA TOALETĂ!

CHEILE SECRETULUI

PARTEA A III-A

Capitolul 8

Soluţiile câştigătoare

🗝 *numărul 18*
Fericirea!

S-a scris mult despre fericire, dar eu m-am abţinut să citesc despre această materie pentru a mă sustrage oricărei influenţe. Fericirea este o stare de spirit conştientă prin care avem gânduri ce obiectivează energiile vieţii.

Fericirea începe în gândire. Pentru a trăi încontinuu într-un soi de euforie, e nevoie de o muncă absolut constantă. Este oare posibil să trăim fericiţi în permanenţă?

Da! Trebuie întreţinută *minunarea* de fiecare clipă. Nu e aceasta marea calitate a copiilor? Ei nu îşi pun întrebări, ei acceptă evenimentele păstrându-şi în privire acea lumină spontană a bucuriei de a trăi. Sunt fericiţi în mod natural. Copiii care au pierdut această sclipire din privire trăiesc sigur conflicte acasă sau alte dificultăţi majore.

Eu îmi creez viaţa privind doar partea bună a fiecărei situaţii. Ca şi vouă, şi mie îmi apar aspecte negative. Totuşi, evit să întreţin în gândire acest tip de schemă. Decât să pierd timp cultivând reacţii conştiente şi inconştiente în faţa unei situaţii negative, prefer să trec repede la analizarea situaţiei pentru a găsi soluţia ideală.

Eu sunt producătorul, realizatorul şi scenaristul filmului cu titlul: *Viaţa mea!*

La fel se întâmplă şi cu viaţa voastră. La fiecare lecţie de viaţă, mă îndepărtez ca să văd mai bine, mă folosesc de instrumentele obţinute, ca realizator, pentru „Organizarea Gândirii", ca să orientez cursul evenimentelor. Oare cum aş putea împărtăşi această învăţătură dacă nu aş aplica-o eu însumi?

Această metodă reuneşte toate cheile fericirii. Dar, din plictiseală, preferăm un soi de lenevie mentală, şi astfel cădem repede în obiceiurile noastre negative. Oricum, din moment ce tot gândim, atunci măcar să alegem modul de gândire care ne va schimba cursul vieţii. Totul începe prin gândire.

Eu îmi creez propria fericire prin **atitudinea** mea în faţa evenimentelor. Dacă dau o forţă negativă unei situaţii, ea va lua toată puterea şi se va realiza în mod negativ. Particip astfel într-un mod voit la catastrofa vieţii mele. Printr-o atitudine tristă sau agresivă, îmi distrug şansele unei realizări favorabile a lucrurilor. Cu timpul, acceptarea doar a gândurilor de fericire devine uşoară şi automată.

Totuşi, ar fi iluzoriu să credem că totul se poate rezolva printr-o simplă atitudine optimistă, fără să facem nici cel mai mic efort. Trebuie să ne folosim de mijloacele puse la dispoziţie, cele ale „Organizării Gândirii".

În funcţie de situaţie, mă folosesc de instrumentul potrivit. De ce m-aş lipsi de ea? Fericirea este accesibilă datorită acestor chei. Acesta este adevăratul lor mod de utilizare. A le ignora înseamnă a-ţi refuza dreptul la fericire. Desigur, nu e uşor să fii fericit în permanenţă, dar este posibil. Credeţi probabil că încerc să vă vând iluzii. Nu! Nu am nimic de vânzare, doar vă invit să faceţi primul pas, care este să doriţi să credeţi în fericire.

A crede în ea înseamnă deja a-ţi oferi dreptul de a accede la ea. Înseamnă a te deschide spre altceva, ascuns de vechile noastre moduri de gândire în străfundul subconştientului. Înseamnă a accepta că este posibil să ajungi să trăieşti în magia fericirii. Înseamnă a recunoaşte că această stare există pentru ceilalţi şi că acum este posibilă pentru tine însuţi.

Fericirea nu este legată de bani, este o **stare de spirit conştientă**. Nimic altceva! În gândire sunt fericiţi sau nu. Schimbaţi-vă gândurile şi vă veţi schimba viaţa.

Viaţa trebuie apreciată cu toate faţetele sale pe care ni le propune. Aveţi dreptate, unele dintre ele sunt mai uşor de controlat decât altele. Totul depinde de evoluţia voastră faţă de experienţele din fiecare clipă. Este adevărat că viaţa nu ne oferă doar situaţii fericite.

Prin numeroase experienţe, gândurile se vor îmbogăţi sau vă vor permite să înaintaţi pe drumul care duce la fericire. Nu ne naştem fericiţi, ci învăţăm să fim. Nu există nicio şcoală a fericirii, dar există mijloace pentru a reuşi. De ce să ne refuzăm dreptul de a le folosi? Ele sunt aici pentru noi şi noi suntem cei care trebuie să luăm hotărârea de a fi fericiţi. În ziua în care veţi accepta să vă schimbaţi modul de gândire veţi atinge înţelepciunea.

Ne lăsăm să alunecăm pe panta negativului ca pe un tobogan. Capcana a fost întinsă cu perfidie şi, conform legii celui mai mic efort, punem la cale ce e mai uşor pentru a trăi într-o mare tristeţe. **Culmea nenorocirii:** totul începe printr-o atitudine negativă.

Trebuie să fiţi tot timpul vigilenţi ca să nu alunecaţi pe o astfel de pantă. A-ţi pierde fericirea în loc să consideri asta o lecţie de viaţă este totuşi trist când ştim, încă de la început, că avem în noi tot ce trebuie pentru rezolvarea situaţiei. Trebuie să reacţionaţi rapid şi să nu permiteţi gândurilor negative nicio şansă de a prelua puterea.

Am şi eu, ca şi voi, gânduri negative, dar doresc să-mi păstrez preţioasa bucurie de a trăi, să mă realizez în dragostea divină şi să înfloresc în înţelepciunea umană. Acest lucru este valabil şi pentru voi. Suntem cu toţii uniţi în această energie de iubire, şi de aici începe fericirea.

Fericirea se manifestă prin iubirea partenerului sau a partenerei de viaţă, propriilor copii, a părinţilor, a tuturor membrilor familiei, a prietenilor şi chiar a duşmanilor. Îmi imaginez reacţia voastră citind „iubirea duşmanilor". Este imposibil ca cineva să fie iubit de toţi. Chiar şi Iisus, la două mii de ani după venirea sa, încă mai are defăimători. Mesajul lui, care era totuşi un mesaj de iubire, încă mai suscită conflicte în numeroase ţări.

Fericirea este o **energie stimulantă** care ne însufleţeşte, ne tonifică permanent comportamentul. O radiaţie cu vibraţii magice emană din corpul nostru. Amintiţi-vă de ziua în care v-aţi îndrăgostit: aveaţi în privire o lumină splendidă de fericire, şi chiar dacă aţi fi dorit să vă ascundeţi bucuria, ea tot se vedea. Iubirea se unea cu energia fericirii şi era imposibil să negaţi acest lucru. Nu este aceasta legea atracţiei? Ce se trăieşte în interior se reflectă la exterior.

Fericirea le atrage pe persoanele fericite. Fericirea se împărtăşeşte; este o consolare de încurajare pentru nefericiţi. Bucuria de a trăi le redă speranța și încrederea. O persoană fericită este dispusă să asculte și propune deseori o soluție justă pentru ca celălalt să înceapă să se ocupe de el. În nefericire, ne pierdem și vedem totul în negru. Nu e nimic mai încurajator decât să ne înconjurăm de energii de fericire atunci când ne aflăm în dificultate.

Aceeași situație este valabilă și în cazul reușitei. Dacă relațiile voastre sunt persoane de succes, veți atrage reușita. Dacă nu aveți legături decât cu perdanți, realizările voastre vor fi mediocre. Așa e dintotdeauna, și este valabil și pentru fericire. Înconjurați-vă de oameni fericiți și îndepărtați-vă de oameni triști, agresivi, limitați și care vehiculează doar critică și idei negative.

Uneori nu avem de ales, veți spune voi. Avem întotdeauna posibilitatea să rărim întâlnirile, să le spunem că atitudinea lor nu ne convine. Voi i-ați ascultat, i-ați ajutat să găsească o soluție, iar ei întârzie să se ocupe singuri de ei pentru că ușurința negativului le convine. Ne respectăm fiind sinceri cu noi și cu ceilalți. Ne alegem relațiile așa cum alegem să fim fericiți.

Oamenii negativi pompează multă energie, pentru că nu sunt în armonie cu energia noastră. Trebuie să vă protejați de acest gen de anturaj. Oamenii negativi întunecă viața, iar când suntem prea slabi, ne lăsăm contaminați de tristețea lor.

Mai există o categorie de persoane de care trebuie să ne apărăm: cei care critică tot timpul. Lor le place acest gen de comportament inconștient și nu fac nimic pentru a se schimba. Totul se datorează personalității lor, îmi veți spune. Într-adevăr, dar ca adult trebuie să te ameliorezi și să faci eforturi pentru a te schimba și înfrumuseța propria viață, dar și pe cea a anturajului.

Într-o zi, o vecină care se întorcea de la o plimbare cu bicicleta critica faptul că traseul ei era presărat cu zone de coastă, că era obositor, că nu era într-o formă suficientă pentru acest gen de exercițiu, și tot așa. I-am răspuns că, decât să practici un sport fără să poți aprecia natura, cântul păsărilor, dar și plăcerea de a merge cu bicicleta, mai bine te abții. Că era mult mai plăcut să citești o carte bună decât să te întorci frustrat dintr-o plimbare.

Fericirea se trăiește zi de zi și în lucrurile mărunte, nu doar în evenimentele mari. Trebuie să o îmblânzim și să ne educăm în spiritul fericirii de a trăi. Aceasta devine ca un drog. Viața este prea scurtă pentru a acorda atâta putere lucrurilor negative. Este mai bine să încercăm rezolvarea situațiilor negative imediat ce apar și să eliminăm din prima clipă gândurile care ne deregleazä mintea conștientă.

Alimentați-vă încă de la trezire cu **energia stimulantă** a gândurilor de iubire și de fericire. Dacă ați enunțat formularea prescrisă de „Organizarea Gândirii", amintiți-vă că ne începem ziua de îndată ce mintea conștientă este trează. Așadar, este indicat să ne obișnuim să acordăm imediat atenție gândurilor. Evitați să vă începeți ziua cu o serie de gânduri distructive care vor irosi o bună parte din ea. Unele persoane se specializează în gânduri nefericite: au o plăcere sadică să le întrețină. Ele trăiesc gândindu-se la *ziua de ieri* sau la cea de *mâine*. Or, minunata zi este *astăzi*.

Trebuie să învățăm să iubim viața, altfel viața nu ne va iubi. În fiecare dimineață trebuie să punem o doză bună de fericire în propriile gânduri și să ne asigurăm că iubirea face parte din ziua noastră. Sunteți singuri, sunteți în plin proces de despărțire, sunteți într-o perioadă de doliu, aveți griji sau numeroase probleme: atâta timp cât veți întreține gânduri de tristețe sau nu veți gestiona cu ușurință toate problemele, nicio soluție nu va apărea, niciodată, pentru a vă reda fericirea pierdută.

Viața ne expune unor situații diferite pentru ca, prin gândurile noastre, să putem lua controlul ei. Într-o zi sau alta vom trăi cu toţii drame, perioade de doliu, şi avem cu toţii porţia noastră de probleme. Cu gânduri de fericire, soluţiile vor apărea mult mai limpede şi veţi rămâne calmi chiar şi în timpul încercărilor.

Trebuie să acceptăm că nu avem cu toţii aceeaşi definiţie a fericirii. Cu toate acestea, ne aflăm cu toţii în căutarea unei vieţii fericite.

- Trebuie să ne concretizăm ideea unei vieţi fericite în gândire în primul rând. Trebuie să luăm hotărârea să fim fericiţi.
- Trebuie să facem efortul de a atrage fericire în propria viaţă.
- Trebuie să ne înconjurăm de persoane fericite.
- Să începem încă de la trezire să ne selectăm bucuriile în gândire.
- Trebuie să trăim astăzi.
- Trebuie să-i zâmbim vieţii.
- Trebuie să nu ne alimentăm cu gânduri negative.
- Trebuie să ne supraveghem limbajul şi să-l facem pozitiv.
- Trebuie să reducem întâlnirile cu persoanele negative.

A creşte fiind fericit
înseamnă a îmbătrâni frumos.

Capitolul 9

Realizarea

numărul 19

Motivaţia!

Nu doar o singură cheie va face diferenţa în viaţa voastră, ci ansamblul tuturor cheilor va fi cel care va schimba toate vibraţiile legate de *legea atracţiei*. Fiţi încrezători! În prima parte, am amintit regulile de aur, ordonanţele şi cele opt mari legi. În a doua parte, l-am demascat pe SABOTOR şi toate trăsăturile personalităţii sale. Acum, în partea a treia, împărtăşesc cu voi soluţiile, mai exact, cheile REALIZĂRII.

De ce cheia cu numărul nouăsprezece este cea a *motivaţiei*? Pentru că, fără motivaţie, orice efort spre succes ar fi inutil. Motivaţia este o energie stimulantă care ne face să ne autodepăşim, şi asta chiar în timpul încercărilor vieţii. E nevoie de mult respect de sine pentru a gestiona fiecare dintre situaţii, chiar şi cele greu de trăit, şi pentru a hotărî să ne autodepăşim în ciuda tuturor dificultăţilor posibile. Din fericire, dispuneţi acum de un număr mare de chei pentru a schimba cursul evenimentelor.

Fiind motivaţi, determinaţi să treceţi la acţiune, veţi face din prezentul vostru o realitate împlinită. Energia este cea care produce succesul, reuşita. Pentru a înainta e nevoie de ţinte.

Cu mintea voastră conştientă, hotărâţi elementele-cheie care vă vor uşura aşteptarea. Tot ce vă permite să vă atingeţi obiectivele se află în voi. Odată intraţi în simbioză cu Universul, cât aţi clipi, viaţa voastră de zi cu zi va deveni uşor de gestionat şi reuşita va fi recompensa dorită.

Motivaţia şi acceptarea sunt cele mai dificile chei de gestionat pentru o comuniune perfectă cu *legea atracţiei*. Dacă motivaţia nu ar face parte dintre aceste chei, ar lipsi un element foarte important pentru reuşită. Motivaţia dinamizează energia şi stimulează toate vibraţiile emiţătorului. Cu cât gânditorul este mai motivat, cu atât îşi gestionează mai bine viaţa de zi cu zi, cu atât energiile sale sunt mai optime, cu atât mai mult cunoaşte succesul.

Reuşitele „Organizării Gândirii" sunt imperative pentru alimentarea motivaţiei. Cu cât gestionaţi mai bine fiecare situaţie, cu atât trăiţi fericiri mai mari, iar acest lucru vă va stimula mai mult să faceţi mereu în aşa fel încât să folosiţi cheile propuse.

Pentru nimic în lume nu aş renunţa să-mi gestionez zi de zi gândurile. Cunoscând SECRETUL de mult timp, utilizez zilnic toate cheile. Dar îmi dau seama că, fără motivaţie, fără succes, lipsa de interes ar anula demersul meu. Eu sunt ca şi voi şi, ca să dau ce e mai bun din mine, trebuie să savurez reuşita în aplicarea sfaturilor propuse, oricare ar fi ele.

Pentru a fi şi a rămâne motivaţi, vă sugerez câteva formulări de adresat Universului. Daţi frâu liber imaginaţiei şi creaţi-vă propriul plan de viaţă aşa cum v-aţi dori să fie. Hotărâţi proiecte noi, schimbaţi drumul, treceţi la acţiune, acţionaţi... Enunţaţi o formulare specifică, dacă e cazul:

- **Univers infinit, eu am o imaginaţie foarte mare. Îmi planific ţinte motivante, interesante şi stimulante care au ca obiectiv realizarea mea, acum.**

- **Univers infinit, eu am o foarte mare încredere în mine, trec la acţiune acum privind proiectul meu de...**
- **Univers infinit, am multă ambiţie şi cred în mine imediat.**
- **Univers infinit, sunt foarte motivat astăzi.**
- **Univers infinit, trec la acţiune şi sunt mândru de mine. Îndrăznesc, acţionez, astăzi.**

numărul 20
Acceptarea!

Ce caută acceptarea în „CHEILE SECRETULUI"?

A accepta să fii fericit, să ai succes, să te realizezi este uşor. Da, este uşor să trăieşti după legea atracţiei în perioadă de confort. Totuşi, nu este în mod obligatoriu la fel în dificultăţile vieţii. Or, acceptarea este un element-cheie pentru reuşita restabilirii vibraţiilor pozitive. Întoarcerea noastră la fericire nu se va face fără să trecem prin acceptare. Aşadar, e mai bine să acceptăm situaţia negativă ca fiind un factor de evoluţie provocat de o lecţie dificilă. Atunci rămânem în simbioză cu energia.

O perioadă de doliu, pierderea serviciului, un eşec personal sau profesional, o boală, un ghinion, un abandon, un refuz, o agresiune, o trădare, o minciună, nişte bârfe, nişte calomnii, iată tot atâtea situaţii traumatizante pentru care acceptarea este primul pas ce trebuie făcut înainte de a ajunge la iertare.

Dacă, în timpul acestor momente grele, întreţineţi energii de frustrare, de furie, de răutate etc., în funcţie de diferitele situaţii nedrepte care vă copleşesc, nivelul vostru vibrator va avea de suferit şi veţi emite energii cu frecvenţa joasă. Conştientizaţi atunci toată dificultatea pe care o puteţi simţi în acceptarea acestor situaţii. În schimb, acceptarea **FRÂNEAZĂ** procesul vibraţiilor emise de gândurile şi cuvintele negative. Nivelul vibrator stagnează în această perioadă până în momentul în care vă hotărâţi să treceţi la iertare.

Tot Sabotorul este cel care ne face să trăim negativ, chiar şi în situaţiile dificile. Îmi veţi spune că nu este corect şi că nu veţi reuşi să acceptaţi tot răul care vi s-a făcut; că până şi Dumnezeu v-a părăsit, pentru că suferinţa voastră fizică şi psihologică este atât de mare, încât nu puteţi vedea ziua în care soarele vă răsări din nou în viaţa voastră. În ciuda tuturor cheilor prezentate până acum, credeţi că vă va fi imposibil să regăsiţi pacea sufletească.

Simţiţi în voi prezenţa Sabotorului, dar de aici până la a accepta partea de suferinţe acumulate de-a lungul vieţii e o mare diferenţă. Recunoaşteţi că în anumite cazuri aveţi partea voastră de vină. Dar mai sunt şi diferitele decepţii pe care viaţa vi le-a adus şi care vă par inacceptabile.

Mi-aş fi dorit să evit acest subiect. Dar, pentru a înţelege mai bine această cheie care este „**acceptarea**", trebuie să cunoaşteţi ce este karma.

Karma este principiul fundamental al religiei hinduse. Ea este, în opinia mea, însăşi logica iubirii şi a dreptăţii divine. În timpul primului Conciliu de la Niceea, din Asia Mică, în anul 325, când a fost redactat *Simbolul Apostolilor*, profesiune de credinţă creştină, un grup important de episcopi era partizanul doctrinei **reîncarnării** şi dorea să lase în Sfintele Scripturi paragrafe referitoare la această credinţă. Dar, majoritatea a respins această propunere. Iată de ce această teorie pare ciudată creştinilor de astăzi.

Mulţi îi reproşează că este prea „asiatic", uitând că până la urmă creştinismul este de origine asiatică. Hristos, Buddha,

Mahomed, Laozi nu erau europeni, aşa cum nu erau nici vechi egipteni, asirieni, sumerieni sau indieni. Toate ideile noastre, toate noţiunile noastre în materie de religie provin din Asia, leagănul gândirii religioase. Creştinismul s-a născut în Asia Mică, în Africa de Nord şi în Grecia. Sfântul Augustin, unul dintre părinţii Bisericii, s-a născut în Africa de Nord. Trebuie să ţinem cont de aceste lucruri atunci când dorim să judecăm originea religiilor.

Vă ofer aici punctul meu de vedere povestit ca o întâmplare frumoasă, pentru ca el să fie accesibil tuturor cititorilor. Vă propun să o citiţi cu o foarte mare deschidere de spirit şi să evitaţi orice judecată inutilă înaintea terminării capitolului. La sfârşit, veţi fi în măsură să evaluaţi expozeul meu şi să înţelegeţi mai bine realitatea vieţii. Nu am nicio idee de impus. Scopul meu este să împart cu voi ceea ce mi se pare de o foarte mare logică. Această povestire reprezintă în acelaşi timp iubirea divină şi dreptatea divină.

Doresc să vă vorbesc într-un mod simplu şi romanţat, pentru ca totul să vi se pară cât mai clar. Acest expozeu are drept scop să dea un motiv valabil experienţelor vieţii voastre, lucru care vă va ajuta să utilizaţi cheia „acceptării" pentru cel mai mare bine al vibraţiilor voastre. Există experienţe care aduc bucurii mari, dar şi experienţe care constituie nenorociri mari.

În timpul acestei lecturi, vă iau în călătorie într-o lume ireală şi, în acelaşi timp, foarte prezentă şi autentică. Ştiu că unii cititori vor fi foarte şocaţi. Scopul meu este să vă trezesc conştiinţa. Pentru alţii, va fi o confirmare a ceea ce gândesc despre lumea în care trăiesc. Călătorie plăcută!

Acum, ne aflăm pe Eter: este un plan de evoluţie la fel ca Pământul. Noi evoluăm într-un corp eteric, asexuat, pentru care timpul terestru nu există. În acest plan, la fel ca aici, suntem chemaţi să învăţăm.

Să ne imaginăm că Eter este împărţit în ţări, ca şi planeta noastră, şi că locuiţi în Belgia. Aţi remarcat că ea este înconjurată de Luxemburg, Olanda, Germania, dar şi de Franţa. Doriţi să vizitaţi Olanda şi întrebaţi o entitate superioară ce trebuie să faceţi ca să ajungeţi acolo.

Ea vă răspunde astfel:

Trebuie să vă faceţi un program de viaţă cu iubire, cu bucurii, cu fericire, cu reuşite, cu glorie pentru unii, dar şi suferinţă, dureri, sărăcie, eşecuri, decepţii, necazuri, abandonuri, trădări, respingeri, minciuni şi să fiţi victima bârfelor şi calomniilor.

Dacă tot programul vostru este compatibil cu obţinerea permisul de trecere în Olanda, vă vom acorda permisiunea să trăiţi o experienţă terestră. La întoarcerea pe Eter, dacă aţi trecut toate etapele experienţei de viaţă, veţi primi permisul de trecere şi veţi putea face naveta între Belgia şi Olanda.

Aţi venit pe Pământ ca să faceţi o experienţă de viaţă alegându-vă părinţii, corpul şi sexul, masculin sau feminin. Nimic nu este permanent. Trebuie să trăim mai multe experienţe diferite unele de celelalte pentru a putea înţelege lecţiile vieţii. Pentru a pune capăt unei experienţe karmice, trebuie să treceţi prin prima etapă, cea a **acceptării**.

Reluăm iar şi iar. Fiecare vizită terestră este o ocazie ca să învăţăm, să evoluăm şi să creştem spre o formă de perfecţiune. Vă întoarceţi pe Eter de-a lungul timpului şi, în funcţie de dorinţa voastră de a evolua, reîncepeţi un nou ciclu: informaţie de la o entitate superioară pentru alegerea experienţelor ce urmează să fie trăite în viitoarea viaţă fizică pentru atingerea scopului vizat pe Eter, adică experienţele care vor trebui să fie selecţionate pentru a urca mai multe trepte posibile, mereu în funcţie de propriile intenţii. Nimic nu vă este **impus**. Aceste peripeţii vor fi trăite în ritmul pasiunii (gândire personalizată) voastre pentru a evolua de la o credinţă la alta. ***Nu ne vom opri niciodată să gândim.***

Toată această muncă frumoasă se face cu un singur mecanism, cel al gândirii. Credeţi că de la fiecare experienţă împrumutăm o formă de gândire precum corpul în care vă aflaţi acum ca să petreacă un timp? Oare ar fi logic ca în anumite vieţi să avem gânduri sănătoase şi bune, în timp ce în alte vieţi ele ar fi răutăcioase, răzbunătoare, necinstite etc.? Unde este adevăratul sens al unei Inteligenţe superioare?

Cred cu atât mai mult că această Inteligenţă pe care o numim Dumnezeu, Buddha, Mahomed sau în alt fel, în funcţie de religie, este doar iubire şi dreptate. A ne oferi posibilitatea de a evolua prin schema noastră de gândire este cea mai mare minune a creaţiei. ***GÂNDIREA!***

Prin gândire se creează totul. Aşadar, prin gândire vă amelioraţi sau vă transformaţi vibraţiile conectate la *legea atracţiei*. Când veţi conştientiza această putere aflată în voi şi pe care aveţi posibilitatea să o schimbaţi? Dacă o lăsaţi să stagneze, veţi reîncepe aceleaşi experienţe atâta timp cât nu veţi pricepe sau face efortul de a înţelege că, oricum, nu aveţi de ales. Altfel, totul va rămâne pentru o viaţă următoare. Vă amintesc că am fost creaţi pentru eternitate.

A accepta iubirea, fericirea este cât se poate de minunat şi de uşor. Dar a accepta suferinţa, un necaz, un eşec este cu totul diferit! Din acest motiv, noi ne alegem experienţele, bune sau rele, pentru a evolua şi a creşte în divin. Încercările, neşansa nu ne sunt impuse. Noi le alegem pentru a evolua după ritmul intenţiilor noastre.

În opinia mea, acesta este adevăratul sens al dreptăţii divine. Eu am ales şi am hotărât totul în cele mai mici detalii ale vieţii mele. Ce fac cu ele şi cum le trăiesc este altceva. Ca să reuşesc anularea experienţei karmice, adică să nu mai fiu nevoit să o reiau, trebuie să se treacă la a doua etapă: iertarea.

🗝 numărul 21

Iertarea!

„Alegoria verbului a iubi". O iertare voită a păcatelor ce precede analiza unei dureri profunde care ne-a afectat voinţa gândurilor sau sentimentelor. Iertarea este o reacţie spontană sau chibzuită care cere o foarte mare înţelepciune, multă simplitate şi generozitate. A şti să iertăm înseamnă în primul rând a învăţa să ne iubim. Pentru a ne iubi aproapele şi a fi iubiţi de ceilalţi, trebuie să începem prin faza numărul unu a iubirii: **A se iubi!**

A tolera nu înseamnă a ierta, ci a accepta anumite variaţii de conduită, de exemplu a avea o înţelegere faţă de unele necuviinţe sau stângăcii; înseamnă şi a înţelege cu discernământ o situaţie, fără a o judeca. Toleranţa este dovada unei mari judecăţi logice, ceea ce nu înseamnă în mod obligatoriu o iertare absolută.

Adevărata iertare se acordă în situaţii grave în care integritatea şi interesul persoanei sunt puse în joc. Scuza este o formă de iertare pentru greşeli mai puţin importante. Există persoane care se scuză pentru tot; acest lucru denotă un semn de slăbiciune şi de lipsă de încredere. A te scuza este o lipsă de politeţe, dar nu trebuie să facem din ea o manie.

Este greu să ştergi, cu uşurinţă, cu buretele atunci când rana este adâncă, dar timpul rezolvă lucrurile, cum se spune.

- Resentimentul trăieşte în interiorul tău?
- Simţi ranchiună?
- Ai ură în tine?
- Sunt şterse cicatricele? Au mai rămas reacţii de furie?

- Ai uitat toate suferinţele insultei?
- Ai fost victima umilinţei? A dispărut ranchiuna agresiunile mentale şi fizice? Amărăciunea revoltelor interioare este oare de domeniul trecutului? Toate suferinţele au ieşit oare din interiorul tău?
- Nu te mai întorci la ce-a fost ieri sau încă mai bombăni?
- Trăieşti în continuare în trecut?
- Când te gândeşti la eşecurile tale, cum reacţionezi?
- Eşti în continuare o pradă uşoară pentru impostori?
- Ţi-ai iertat deja propriile greşeli?
- Ai de gând să te răzbuni?

ETAPELE IERTĂRII

Vă prezint cele treisprezece etape ale unei iertări autentice.

1. A lua hotărârea de a nu te răzbuna şi de a suprima gesturile ofensatoare.

Cum să reuşiţi să iertaţi când în străfundul vostru se află în stare latentă o foarte mare dorinţă de răzbunare? A fi nemilos faţă de celălalt pentru a vă satisface dorinţa de a-l vedea la rândul lui suferind moral şi uneori fizic este o cruzime mentală foarte mare. Uneori, gesturi răzbunătoare pot pune, în mod involuntar, viaţa în pericol. Punerea în mişcare a iertării nu se poate declanşa atâta timp cât există dorinţa de satisfacere a răzbunării.

2. Recunoaşterea propriei răni şi a propriei sărăciei interioare.

După ce aţi fost victima unei ofense, dacă nu doriţi să vă recunoaşteţi suferinţa, riscaţi să nu primiţi niciodată o iertare autentică. Recunoaşterea stării de rău nu înseamnă a fi laş, dar nici a te recunoaşte învins. Doar cei slabi suferă. Gradele suferinţei variază în funcţie de sensibilitatea fiecăruia. Iertarea pe care aţi crezut că aţi acordat-o nu va fi în cele din urmă decât o formă de apărare împotriva suferinţei. Este un fenomen de acţiune-reacţie provocat de rana interioară. Suferinţă = sensibilitate; or, sensibilitate, pentru unii, înseamnă slăbiciune. În timp ce, de fapt, este contrariul: în sensibilitate există onorabilitate şi distincţie.

3. Împărtăşirea suferinţei cu cineva.

A împărtăşi înseamnă a evita să fii singurul care duce greutatea suferinţei. Aş spune că e mai uşor pentru femei să-şi exprime suferinţele şi să găsească o persoană gata să o asculte; în general, bărbatul este mai introvertit. Atunci când un bărbat se destăinuie, o face pentru că degenerescenţa sa este evidentă şi trăieşte foarte greu durerea. El caută ajutor, dar numai după ce a îndurat îndelung. A te destăinui cuiva înseamnă a-ţi divulga secretul, iar acest lucru ne uşurează mintea conştientă obsesivă. Înseamnă şi a împărtăşi greutatea propriei suferinţe.

4. Buna identificare a pierderii pentru a o uita.

Trebuie făcută lista cu tot ce poate avea legătură cu pierderea cauzată de o acţiune. Iubirea, intimitatea, sexualitatea, siguranţa emotivă sau financiară, respectul, petrecerea timpului liber, plăcerile în doi sau în familie, familia partenerului sau a partenerei de viaţă, prietenii, complicitatea, bucuria de a trăi, fericirea, pacea, seninătatea, responsabilitatea, material, precum casa sau alte valori etc. Faceţi inventarul exact al consecinţelor ofensei: această conştientizare vă va ajuta la uitarea pierderilor suferite.

5. Acceptarea propriei furii şi a dorinţei de răzbunare.

Aş spune că e normal, un scurt moment, să trăim din furie şi să dorim să ne răzbunăm. O furie sănătoasă arată gradul de ură şi de resentiment din interior. Trebuie să lăsăm această ură şi acest resentiment să se exprime înainte ca răzbunarea să preia controlul situaţiei. A face mai mult rău celuilalt şi chiar a-l distruge nu ar rezolva lucrurile; dimpotrivă, le-ar agrava. După prima manifestare de furie, încercaţi să vă înţelegeţi comportamentul, dar şi pe al celuilalt. Inversaţi rolurile, puneţi-vă în locul lui: veţi înţelege mai bine forţa ofensei suportate.

6. A se ierta pe sine.

A se ierta pe sine este deseori mai greu decât a-l ierta pe celălalt, pentru că orgoliul intră întotdeauna în cauza incidentului; hotărâm că este doar vina celuilalt şi că responsabilitatea noastră este minimă în ceea ce s-a întâmplat. Fiecare are propriile nedreptăţi, se ştie foarte bine, dar celălalt este mereu mai vinovat. A-ţi recunoaşte slăbiciunea înseamnă să dai dovadă de multă smerenie, iar acest lucru permite regăsirea liniştii şi armoniei, deschizând şi posibilitatea de a-l ierta pe celălalt.

7. Înţelegerea celui care ne-a jignit.

A-l înţelege pe ofensator înseamnă a evita să-l dispreţuim şi nu înseamnă nici să-l scuzi, nici să-l disculpi. Înseamnă a avea o înţelegere obiectivă în faţa greşelii comise şi manifestarea unei compasiuni pentru celălalt. Înseamnă a-l accepta aşa cum este, a ne baza părerea pe care o avem despre el pe ansamblul persoanei sale şi nu doar pe greşeala comisă.

8. Găsirea sensului propriei suferinţe în viaţă.

Şocul suferinţei este binefăcător. Îmi imaginez ce vă spuneţi gândindu-vă la viol, la scandal, la brutalitate, la agresiuni, la minciună etc. Dar atunci când am înţeles că ele sunt experienţe karmice sau chiar lecţii, îl vom privi pe ofensator sau pe cel ofensat în alt fel. Acest lucru este şi mai real în cazul unei jigniri cauzate de o fiinţă dragă; persoana ofensată, frustrată de aşteptările sale ireale, va ajunge să aprecieze şi să iubească această rudă sau această persoană apropiată pentru ceea ce este ea în realitate.

9. A te şti demn de iertare şi a fi deja iertat.

Această experienţă nu se compară cu niciuna, precum cea a iubirii pasionale, a recunoaşterii, a bucuriei, a reuşitei, a revederii între prieteni etc. Ea atinge într-un anumit fel Eul în profunzimile sale. Este un adevărat act de iubire din partea celuilalt, dar şi din partea noastră faţă de noi înşine. Este o experienţă fundamentală.

10. Să nu ne mai încrâncenăm în dorinţa de a ierta.

Iertarea este un act de iubire pur şi simplu în sine. Este adevărat că unele persoane iartă mult mai uşor decât altele. Cred că aceste persoane sunt suflete vechi reîncarnate şi că, pentru ele, acest lucru este mult mai uşor. A sosit momentul să vă detaşaţi de orice orgoliu şi de orice instinct de dominare care v-ar împinge să doriţi să iertaţi cu orice preţ. Iertarea nu poate fi obiectul unei porunci sau al unui precept moral. Iertarea este gratuită, nu este un schimb de sentimente sau de servicii pentru a face plăcere altuia.

11. Să ne deschidem bucuriei de a ierta.

A ierta înseamnă a evolua şi a progresa în viaţă; a lăsa în urma ta toată energia distructivă şi negativă, orice sentiment de ură şi orice resentiment care distruge viaţa. Iertarea creează un vid interior care vă îndeamnă să primiţi iubirea.

12. Hotărâţi să puneţi capăt unei relaţii sau hotărâţi să o reînnoiţi.

Nu confundaţi iertarea cu reconcilierea. Reconcilierea ar trebui să însoţească o iertare autentică. Desigur, nu este mereu aşa; acest lucru depinde de gravitatea suferinţei, dar şi de modul în care întreţineţi sau nu în voi suferinţa şi umilinţa. Multe persoane refuză să ierte, pentru că ele au impresia că se prefac şi, în realitate, cred că se trădează pe sine iertând. Înainte de toate, trebuie să ne iubim şi să ne respectăm.

13. Un gest concret şterge pentru totdeauna urmele trecutului.

Suferinţa este uneori atât de mare, încât nu reuşim să iertăm şi nici să ne explicăm unei persoane vii, pentru că ştim că ea nu va înţelege subiectul durerii noastre şi ar râde de noi. Trecem atunci la etapa iertării pentru sine şi nu pentru celălalt. Atunci când persoana care v-a jignit a decedat şi nu reuşiţi să vă debarasaţi de un sentiment de ură şi de aversiune responsabil de amărăciunea voastră şi de starea de indispoziţie pe care o aveţi sau pur şi simplu de lucruri nespuse care nu au fost clarificare, iată ce trebuie să faceţi:

- Scrieţi-i o scrisoare de mână (evitaţi calculatorul).
- Dataţi şi adresaţi bine scrisoarea: Dragă...
- Povestiţi-vă toate suferinţele în cele mai mici detalii.
- Descrieţi împrejurările şi locul durerii sau experienţei neplăcute.
- Exteriorizaţi-vă supărarea.
- Citiţi scrisoarea în fiecare zi, până în ziua când veţi fi capabili să o citiţi fără să plângeţi, iar în interiorul vostru nu va mai exista niciun sentiment de ură, de furie sau de orice alt fel... Trebuie să simţiţi o indiferenţă totală!
- Această ultimă zi va fi cea a iertării. Atunci va trebui să ardeţi scrisoarea, fără un ritual anume.

Acest exercițiu este foarte important pentru a elibera din propriul trecut o persoană decedată. Pentru că, deseori, ea rămâne agățată de Pământ atâta timp cât nu este iertată. Regretă prostia făcută și răul de care este acuzată, refuzând orice ascensiune spre Lumea de Dincolo. Atunci când persoana este vie, ar fi mai indicat să ardeți scrisoarea decât să i-o arătați, pentru a evita orice respingere și mai ales să nu fiți victima unei situații ridicole. Deseori, persoana care jignește a uitat sau nici măcar nu se simte capabilă să înțeleagă că voi suferiți pentru ceea ce, în ochii ei, este doar o greșeală măruntă.

Extraordinar e că, atunci când credem că am iertat cu adevărat, Universul ne aduce față în față cu persoana care a făcut, într-o zi, obiectul iertării. Dacă ați iertat cu adevărat, în interiorul vostru nu se va declanșa nicio reacție. Totuși, dacă mânia și ura reapar chiar și după mulți ani, înseamnă că adevărata iertare nu a fost acordată și că mai aveți ceva de făcut în acest sens. Altfel, va trebui să reluați aceeași experiență într-o altă viață și cu aceeași persoană sau în această viață cu alta. Asta înseamnă că o persoană bătută va fi din nou bătută. O relație cu o persoană care jignește este deseori de reluat cu o altă persoană pentru ca, în cele din urmă, să putem reuși să-i înțelegem sensul.

Iertarea este cheia care anulează toate vibrațiile cu frecvență joasă, permițând vibrațiilor pozitive să acționeze cu puteri depline în viața voastră. A ierta nu înseamnă a reînnoda. A ierta înseamnă a te elibera pentru a progresa și a beneficia de toată forța energetică pentru a te realiza după *legea atracției*. Nu uitați: tot ce se trăiește în interior se reflectă la exterior.

Iertarea este arma secretă a iubirii.

Capitolul 10

Iubirea

A IUBI

Cuvântul *iubire* deschide singur un întreg evantai de sensuri, pornind de la sensul propriu la semnificaţia individuală pe care dorim să i-o dăm. Este un cuvânt blând pe care îl aplicăm îndeosebi unei relaţii între persoane; el desemnează un sentiment profund împărtăşit între două fiinţe. Vibraţia iubirii aduce bucurie şi fericire, ea echilibrând viaţa în magia visului. Iubirea lasă urme energetice la cel care o simte şi imprimă în el amintiri fericite; ea lasă, ocazional, urme de mari suferinţe. Din fericire, treptat, cu timpul, aceste supărări se atenuează.

Nu există o şcoală a iubirii. Privirea noastră asupra iubirii este reflexia educaţiei primite. Copil, descoperim noţiunea de iubire observând comportamentul părinţilor, care nu sunt conştienţi de forţa atitudinilor lor amoroase asupra educaţiei pe care o dau.

Pentru a atrage iubirea, ea trebuie îmblânzită, fiind nevoie de o privire optimistă asupra vieţii şi mai ales de credinţa în ea. Iubirea există şi aveţi dreptul la ea. Pentru a atrage iubirea trebuie ca, în primul rând, să vă iubiţi pe sine. Aşa vrea *legea atracţiei*. Iubirea este o energie şi această energie se exteriorizează în mod natural prin vibraţiile care rezultă din ea. Iubirea atrage iubire.

IUBIRE DE SINE

Întotdeauna a fost mai uşor să vă judecaţi cu asprime, să vă criticaţi, să vă comparaţi cu ceilalţi, să vă adaptaţi la o imagine familială sau socială care nu corespundea cu nimic fiinţei voastre care sălăşluieşte în voi. De-a lungul filmului vieţii voastre, trebuie să învăţaţi să vă cunoaşteţi cu o inteligenţă justă şi să vă acceptaţi aşa cum sunteţi, cu calităţile şi defectele voastre.

Ştiţi asta dintotdeauna şi totuşi viaţa voastră nu este o foarte mare reuşită. Da, ştiţi! Dar ce aţi făcut pentru ca viaţa voastră să se schimbe? Aţi acceptat de mult timp să fie aşa şi consideraţi că nu e nimic de făcut, că viaţa este cauza nefericirii voastre. Aţi acceptat întotdeauna această credinţă (o schemă de gândire creată de educaţia voastră). În primul rând, trebuie să descoperiţi cine sunteţi cu adevărat, să învăţaţi să vă cunoaşteţi pentru a şti, în cele din urmă, ce doriţi.

Unii suportă relaţia pe care o au în durerea inimii lor. Lacrimile suferinţei încă nu sunt suficiente pentru a-i face să conştientizeze că această alegere depinde de ei. Există mai multe motive pentru această inconştienţă, toate fiind valabile. IUBIREA este un sentiment care se instalează pe neaşteptate. Pentru a o păstra cât mai mult posibil, trebuie acceptat celălalt şi iertat cu uşurinţă, pentru că inima nu poate suporta această suferinţă care o sfâşie. Cu siguranţă, aţi cunoscut, într-o zi sau alta, această experienţă a durerii. Pentru a fi capabil să iubeşti trebuie, în primul rând, să te iubeşti pe tine, şi mai mult decât orice.

IUBIREA DIVINĂ

Dintotdeauna omul a idolatrizat o divinitate provenită din propria imaginaţie sau a acceptat subiectul ca pe un adevăr pentru a-şi echilibra conştiinţa. Dumnezeul credinţelor voastre sau divinităţile diferitelor culturi sunt atât simbolice, cât şi reale. Credinţa este cea care gestionează aspectul divin al fiinţei voastre şi, din convingere, voi respectaţi doctrina.

Divinul este acea bucurie interioară, deplinătatea unei mari fericiri îmbinate cu gânduri pure pentru tine şi faţă de ceilalţi. Este o energie minunată care sălăşluieşte în fiinţa voastră şi care, hrănită cu iubire necondiţionată, trezeşte în voi această chimie de generozitate în gândire şi în acţiune. Divinul aduce un soi de acalmie, de seninătate pentru a evolua cu pasiune pe drumul vieţii.

Divinul este şi spiritualitatea, care nu are nimic în comun cu religiozitatea. Spiritualitatea este o stare de spirit conştientă: înţelegem că există ceva cu mult mai mare decât noi, care a creat Universul şi Viaţa, şi că fiecare reprezintă, în această creaţie, o parte importantă şi bine definită ce poate contribui la dezvoltarea marelui tot.

Ne putem ruga fără să gândim, este vorba despre un act pur mecanic şi nu îndrăznesc să mă pronunţ asupra valorii reale a binefacerilor acestei forme de rugăciune. Un lucru este sigur: dacă vă concentraţi şi dacă reflectaţi, intenţia ofrandelor voastre nu va fi aceeaşi. Înălţându-ne gândurile pentru ca ele să fie pure şi nobile, resimţim o mare pace interioară.

IUBIRE NECONDIŢIONATĂ

Această iubire constă în a oferi fără a aştepta ceva în schimb. Înseamnă a-ţi oferi inima şi propria persoană gratuit pentru a-i face plăcere altuia, mereu în respectul de sine. Înseamnă a trăi într-un spirit de bunătate naturală. Generozitatea este o mare calitate care nu are nimic în comun cu iubirea necondiţionată. Ea face parte din fiinţă şi este un tot. Nu putem trăi iubirea necondiţionată fără să fim foarte generoşi faţă de ceilalţi. Dar putem fi generoşi fără să trăim în mod perfect iubirea necondiţionată.

Iubirea necondiţionată este o iubire îndreptată spre toţi şi fiecare. Dacă sunteţi o persoană geloasă, invidioasă, meschină, egoistă şi reuşita altora vă face nefericit, sunteţi într-o mare eroare. Sacrificiul nu este doar fizic, în gândire iubirea capătă adevăratul ei sens. Ce tip de gândire aveţi faţă de ceilalţi?

NON-JUDECATA este un punct important legat de iubirea necondiţionată. Este adevărat că e mai greu să gândeşti fără să-i judeci pe ceilalţi. Trebuie să vă antrenaţi pentru a evita orice judecată de asprime şi orice critică negativă şi a respecta alegerile şi deciziile celorlalţi. Trebuie să aveţi o minte deschisă, să vă dezvoltaţi bagajul de cunoştinţe, să acceptaţi opiniile diferite. Judecata este o energie negativă şi distructivă care vă sclerozează mecanismul gândirii şi vă scade nivelul vibrator. Astfel, vă pierdeţi personalitatea. Afişaţi o minte îngustă, în care anturajul vostru nu va avea încredere. Aveţi dreptul la propria opinie, dar deseori este mai indicat să vă păstraţi ideile decât să vă exprimaţi în văzul lumii şi să provocaţi, la ceilalţi, judecăţi inutile.

Amintiţi-vă că există trei puncte care trebuie respectate în iubirea necondiţionată:

- fără condiţii;
- fără aşteptări;
- fără judecăţi.

COMPASIUNE

Compasiunea este un echilibru sănătos al gândirii. O gândire de non-judecată pe care o avem faţă de cineva sau pentru o situaţie. O formă de milă înduioşată de naşterea unei stabilităţi perfecte. Este un sentiment indus de o mare bunătate. Este generozitatea întruchipată într-o tăcere milostivă.

Viaţa vă oferă o mie şi una de experienţe, bune şi rele. Fiecare dintre ele vă aduc un fel de împlinire, cu condiţia să înţelegeţi bine lecţia. Compasiunea este stâlpul antrenamentului ce trebuie urmat pentru a atinge o mare înţelepciune. În timp, evoluţia voastră are loc din ce în ce mai mult cu maturitate, iar raţionamentul adoptă profilul deplinătăţii.

Toate suferinţele martirizează spiritul şi seamănă confuzie. Ce ar trebui să gândiţi şi cum? Sufletul celui corect este lipsit de sentimente de ură care i-ar putea perturba liniştea. Observaţi cu o privire discretă toate împrejurările şi trăiţi compasiunea cu înţelepciune. Rămâneţi paşnic în inima voastră şi nicio energie negativă nu va prejudicia vibraţiile şi nu va penetra în sistemul vostru de gândire.

TANDREŢE

A trăi într-o energie de tandreţe înseamnă a fi în permanenţă într-un univers de bunătate. Înseamnă a vedea lumea cu ochii inimii, a te realiza în profunzimea sufletului. Înseamnă fericirea.

Asociem tandreţea unei legături de iubire; acest lucru e o realitate. Este uşor să ne metamorfozăm în tandru atunci când iubirea domină. Dar ce rămâne din ea când timpul îşi pune amprenta şi raporturile se deteriorează? Tandreţea imprimă amintiri frumoase în memorie. De ce să ne limităm la jocul unei legături? Ea poate deveni un atu al personalităţii. Tandreţea atât de mult dorită astăzi va fi un aliat; ea oferă posibilitatea de a te simţi bine în propria piele. Fericirea este şi pentru voi.

Tandreţea este mai mult decât generozitate. Ea reprezintă gesturile, cuvintele blânde, micile atenţii. Puteţi scrie un bileţel fiinţei iubite şi să-l aşezaţi sub perna ei, sub ceaşca de cafea sau să i-l puneţi în buzunarul hainei. Nu uitaţi această idee. Faceţi-o chiar azi, din această seară.

ALIAŢII POZITIVI

La sfârşitul celei de-a doua părţi am văzut că SABOTORUL are câţiva aliaţi care, prin vibraţiile negative datorate comportamentelor voastre negative, vă prejudiciază şi vă scad nivelul vibrator. Dar aveţi şi aliaţi precum ATITUDINEA voastră, COMPORTAMENTUL, STAREA DE SPIRIT şi STĂRILE SUFLETEŞTI care, în sens invers, au vibraţii pozitive ce permit creşterea şi menţinerea energiei la un nivel vibrator ridicat.

Aşadar, fac pentru voi o listă de factori care sunt complici pozitivi în legătura noastră energetică...

AFABIL: Care este amabil, primitor.

AFECTUOS: Care simte sau arată afecţiune; tandru, cald.

ALTRUIST: Care se interesează de aproape, manifestă generozitate.

AUTENTIC: Care este adevărat cu el însuşi şi cu ceilalţi.

BINEVOITOR: A cărui aspect general este susceptibil să placă.

BLÂND: Care dă dovadă de blândeţe cu el însuşi şi cu ceilalţi.

BUNĂTATE: Valoare satisfăcătoare în domeniul utilitar şi logic în gândire, în cuvânt şi în acţiune.

CARITABIL: Care îşi iubeşte aproapele.

CURAT: Care se preocupă de curăţenia propriei persoane.

CURTENITOR: Care acţionează cu o amabilitate extremă, cu politeţe.

DISCRET:	Care nu dezvăluie secretele ce-i sunt încredinţate.
DISTINS:	Care denotă rafinament, delicateţe şi eleganţă.
ECHILIBRAT:	Care se bucură de un bun echilibru.
GENEROS:	Care este devotat semenilor, care dă mult mai mult decât e normal.
GENTIL:	Care place prin respectul său delicat al decenţei în raporturile sale cu aproapele.
INCORUPTIBIL:	Care nu se lasă corupt.
ÎNGĂDUITOR:	Care nu este aspru, ci blând.
JOVIAL:	Care manifestă o veselie simplă şi comunicativă.
JUST:	Care este conform cu dreptatea, cu justiţia.
LOIAL:	Care este de o fidelitate şi de o sinceritate absolute; care este în totalitate devotat.
MĂRINIMOS:	Care arată generozitate, îngăduinţă şi bunăvoinţă.
ONEST:	Care nu-şi înşală semenul.
ORDONAT:	Care acţionează ordonat, metodic.
PREVĂZĂTOR:	Care este atent la ceilalţi.
RAŢIONAL:	Care dă dovadă de bun-simţ.
SIMPATIC:	Care provoacă emoţii plăcute prin prezenţa sa.
SOCIABIL:	Care întreţine cu uşurinţă relaţii cu semenii lui.

TOLERANT:	Care îşi suportă aproapele fără reacţie patologică neplăcută; care acceptă prezenţa cuiva chiar şi fără să-i facă plăcere.
UMAN:	Care este sensibil la ceea ce trăieşte aproapele lui.
UMIL:	Care dă dovadă de o mare curtoazie dând cuiva impresia că este important. Modest, fără să iasă în evidenţă.
VIOI:	Care manifestă un spirit plin de vioiciune, alert.
VIRTUOS:	Care are calităţi morale.

RECOMANDĂRI

Vă propun să adoptaţi următoarele două comportamente care vă vor permite să vă gestionaţi bine gândurile, şi asta oricând.

1. Liniştea

Dimineaţă, după ce v-aţi adresat formulările Universului înainte de a coborî din pat, rămâneţi în linişte. Astfel, nivelul vostru de concentrare este mai ridicat. Dacă vă este imposibil din cauza celorlalţi membrii ai familiei, reveniţi la linişte de îndată ce sunteţi singuri. Lăsaţi radioul şi televizorul închise. Chiar şi când porniţi maşina, lăsaţi radioul închis.

Veţi constata marea diferenţă în reuşitele voastre. De ce? Pentru că v-aţi început ziua în calitate de producător, de realizator şi de scenarist al filmului *Viaţa mea*.

2. Notarea

A doua recomandare este să vă notaţi SUCCESELE într-un carneţel. Ne amintim foarte puţin de propriile succese. Mai degrabă ne amintim eşecurile. Notarea succeselor vă va permite să constataţi în timp toate realizările obţinute, şi asta datorită „Organizării gândirii". Carneţelul este un instrument important şi va face o foarte mare diferenţă în perseverenţa voastră de a utiliza tehnica ORGANIZĂRII GÂNDIRII.

După aproximativ şase luni, veţi fi determinaţi şi veţi constata că gestionarea gândurilor a devenit noul vostru mod de viaţă, şi asta datorită seriozităţii angajării pe acest drum de la descoperirea **CHEILOR SECRETULUI**.

Capitolul 11

Ultima cheie a secretului

🗝 *numărul 22*

Pentru a obţine a douăzeci şi doua cheie a secretului, trebuie să consultaţi site-ul web:

www.lesclésdusecret.com

Vă rog să citiţi toată cartea înainte de a descoperi cheia cu numărul 22 pe site.

Ştiu, curiozitatea este mare, dar nu vă irosiţi plăcerea de a descoperi această cheie înainte de momentul potrivit.

Această cheie este foarte importantă şi va avea semnificaţia sa maximă doar dacă o descoperiţi în timp şi spaţiu, fie după ce aţi citit şi pus în practică **CHEILE SECRETULUI**, dar mai ales după ce aţi cunoscut numeroase reuşite.

Aşadar, citiţi mai întâi această carte.

Apoi experimentaţi ORGANIZAREA GÂNDIRII.

În cele din urmă, consultaţi site-ul şi delectaţi-vă cu cheia numărul 22.

Această cheie vă va transforma viaţa într-o REALITATE ÎMPLINITĂ.

CONCLUZIE

TOT CE SE TRĂIEŞTE ÎN INTERIOR SE REFLECTĂ LA EXTERIOR

Aceasta este *legea atracţiei.*

„SECRETUL" a explicat şi arătat, prin numeroasele sale mărturii, că această lege e prezentă zi de zi în viaţa noastră şi că este inevitabilă. Aşadar, este evident că, pentru a atinge fericirea, trebuie să ne schimbăm interiorul, iar pentru asta trebuie să ne gestionăm gândurile.

CHEILE SECRETULUI ne oferă tehnica ce trebuie urmată ca să ne asigurăm ORGANIZĂRII GÂNDIRII. Această tehnică este pusă în practică zilnic de mii de oameni, şi în America, şi în Europa, conform şedinţelor de formare pe care le-au urmat cu mine. Faptul că atâtea persoane continuă să o utilizeze zi de zi constituie fără îndoială dovada că tehnica este uşoară şi mai ales eficace.

Dacă nu aţi început deja, astăzi veţi prelua controlul vieţii voastre.

Astăzi intraţi în acţiune ca să aduceţi fericirea în viaţa voastră.

Astăzi începeţi să folosiţi CHEILE ORGANIZĂRII GÂNDIRII.

Pentru că la uşă vă aşteaptă iubirea, succesul, fericirea.

Şi amintiţi-vă de LEGEA ATRACŢIEI:

TOT CE SE TRĂIEŞTE ÎN INTERIOR SE REFLECTĂ LA EXTERIOR.

CUPRINS